LA PRÁCTICA DEL AMOR DE JESUCRISTO

SAN ALFONSO DE LIGUORI

SENSUS FIDELIUM PRESS

Gastonia, North Carolina

CONTENTS

INTRODUCCIÓN

I.

Cuán merecedor es Jesucristo de nuestro amor, por el amor que nos mostró en su Pasión.

Toda la santidad y perfección de un alma consiste en amar a Jesucristo, nuestro Dios, nuestro soberano bien y nuestro Redentor. Quien me ama, dice el mismo Jesucristo, será amado por mi Padre Eterno: Algunos, dice San Francisco de Sales,[2] hacen consistir la perfección en una vida austera; otros, en la oración; otros, en la frecuencia de los Sacramentos; otros, en la limosna. Pero se engañan: la perfección consiste en amar a Dios con todo el corazón. El Apóstol escribió: Sobre todas las cosas, ... tened caridad, que es el vínculo de la perfección[3]. Es la caridad la que mantiene unidas y conserva todas las virtudes que hacen perfecto al hombre. De ahí que San Agustín dijera: "Ama a Dios y haz lo que quieras"[4], porque un alma que ama a Dios es enseñada por ese mismo amor a no hacer nunca nada que le desagrade, y a no dejar sin hacer nada que pueda agradarle.

Pero ¿acaso no merece Dios todo nuestro amor? Él nos ha amado con amor eterno[5]. Oh hombre, dice el Señor, he aquí que yo fui el primero en amarte. Aún no estabas en el mundo, ni el mundo mismo existía, y yo ya te amaba. Desde que soy Dios, te he amado; desde que me he amado a mí mismo, también te he amado a ti. Con razón, pues, respondió Santa Inés, aquella joven y santa virgen, a quienes deseaban unirla a un esposo terrenal: "Estoy comprometida con otro amante"[6]. "Id", dijo ella, "oh amantes de este mundo, dejad de demandar mi amor; mi Dios fue el primero en amarme. Él me ha amado desde toda la eternidad: es justo, pues, que yo le entregue todo mi afecto, y que no ame a nadie más que a Él."

Como Dios todopoderoso sabía que al hombre se le gana por la bondad, determinó prodigarle sus dones, y así tomar cautivos los afectos de su corazón. Por eso, dijo, los atraeré con las cuerdas de Adán, con los lazos del amor[7]. Atraparé a los hombres con las mismas trampas con las que naturalmente son atrapados, es decir, con las trampas del amor. Y así exactamente son todos los favores de Dios al hombre. Después de haberle dado un alma creada a su imagen, con memoria, entendimiento y voluntad, y un cuerpo con sus sentidos, creó para él el cielo y la tierra, sí, todo lo que existe, todo por amor al hombre, el firmamento, las estrellas, los planetas, los mares, los ríos, las fuentes, las colinas, las llanuras, los metales, los frutos y una innumerable variedad de animales: y todas estas criaturas para que sirvieran a los usos del hombre, y para que éste le amara en gratitud por tantos admirables dones.

"El cielo y la tierra, y todas las cosas, me dicen que te ame"[8], dice San Agustín. "Señor mío", dijo, "todo lo que contemplo en la tierra, o sobre la tierra, todo me habla, y me exhorta a amarte; porque todo me asegura que Tú las has hecho por amor a mí."

El Abad de Rancé, fundador de La Trappe, cuando desde su ermita contemplaba las colinas, las fuentes, los pájaros, las flores, los planetas y los cielos, se sentía animado por cada una de estas criaturas a amar a aquel Dios que todo lo había creado por amor a él.

Del mismo modo, Santa María Magdalena de Pazzi, cuando tenía en la mano alguna flor hermosa, se encendía a su vista de amor a Dios; y decía: "¡Y Dios, entonces, ha pensado desde toda la eternidad en crear esta flor por amor a mí!". Así, aquella flor se convertía, por decirlo así, en un dardo de amor, que la hería dulcemente, y la unía más y más a su Dios.

Por otra parte, Santa Teresa, a la vista de árboles, fuentes, ríos, lagos o prados, declaraba que todas estas cosas bellas la reprendían por su ingratitud al amar tan fríamente a un Dios que las había creado para ser amado por ella.

Con el mismo propósito se cuenta de un piadoso ermitaño, que cuando caminaba por el campo, le parecía que las plantas y flores en su camino le reprochaban por el frío retorno de amor que hacía a Dios; por lo que iba golpeándolas suavemente con su bastón, y diciéndoles: "Oh, callaos, callaos; me llamáis desgraciado ingrato; me decís que Dios os ha hecho por amor a mí, y sin embargo yo no le amo; pero ahora os comprendo, callaos, callaos; no me reprochéis más."

Pero Dios no se contentó con darnos tantas criaturas hermosas. Ha llegado hasta tal extremo para ganarse nuestro amor, como para darse a sí mismo a nosotros. El Padre

Eterno no dudó en darnos incluso a su Hijo unigénito: Cuando el Padre Eterno vio que todos estábamos muertos, y privados de su gracia por el pecado, ¿qué hizo? Por el inmenso amor, es más, como escribe el Apóstol, por el amor demasiado grande que nos tenía, envió a su Hijo amado para que hiciera expiación por nosotros; y así devolvernos la vida que el pecado nos había robado: El cual, por su gran caridad con que nos amó, aun estando nosotros muertos en pecados, nos dio vida juntamente con Cristo[10]; y concediéndonos a su Hijo (no escatimando a su Hijo, para escatimarnos a nosotros), nos ha concedido juntamente con Él todos los bienes, su gracia, su amor y el paraíso, pues ciertamente todos estos dones son mucho menores que el de su Hijo: El que no escatimó ni a su propio Hijo, sino que lo entregó de propina por todo ello, ¿cómo no nos ha dado también con Él todas las cosas[11]?

Y así también el Hijo, por su amor hacia nosotros, se nos ha entregado por entero: Para redimirnos de la muerte eterna y recuperar para nosotros la gracia divina y el cielo que habíamos perdido, se hizo hombre y se revistió de una carne semejante a la nuestra: Y el Verbo se hizo carne.[13] Deténgase, pues, un Dios reducido a la nada: Sino que se despojó a sí mismo, tomando forma de siervo, ... y en el hábito se encontró como un hombre.[14] He aquí al soberano del mundo humillándose tan bajo como para asumir la forma de un siervo, y someterse a todas las miserias que el resto de los hombres soportan.

Pero lo que es aún más asombroso es que bien podría habernos salvado sin morir y sin sufrir en absoluto; pero no: eligió una vida de dolor y desprecio, y una muerte de amargura e ignominia hasta expirar en una cruz, la horca de la infamia, el premio de los más viles criminales: Se humilló a sí mismo, haciéndose obediente hasta la muerte, y muerte de cruz[15]. Pero, si hubiera podido rescatarnos sin sufrir, ¿por qué eligió morir, y morir en una cruz? Para mostrarnos cómo nos amaba. Nos amó y se entregó por nosotros[16]. Nos amó y, porque nos amó, se entregó a dolores e ignominias y a una muerte más cruel que jamás hombre alguno soportó en este mundo.

De ahí que aquel gran amante de Jesucristo, San Pablo, tuviera ocasión de decir: La caridad de Cristo nos apremia[17], queriendo mostrarnos con estas palabras que no son tanto los sufrimientos mismos de Jesucristo, cuanto su amor al soportarlos, lo que nos obliga y, por decirlo así, nos constriñe a amarle. Oigamos lo que dice San Francisco de Sales sobre este texto: "Cuando recordamos que Jesucristo, Dios verdadero, nos ha amado tanto como para sufrir la muerte, y la muerte de cruz, por nosotros, nuestros corazones son, por así decirlo, puestos en un lagar, y sufren violencia, hasta que el amor es arrancado de ellos, pero una violencia que, cuanto más fuerte es, se hace más deliciosa"[18] Luego continúa diciendo: "¡Ah! ¿por qué no nos echamos, pues, sobre Jesús crucificado, para morir en la cruz con él, que ha elegido morir por amor a nosotros? Lo abrazaré (deberíamos decir), y nunca lo soltaré; moriré con él y me consumiré en las llamas de su amor. Una sola llama consumirá a este divino Creador y a su miserable criatura. Mi Jesús se entrega sin reservas a mí, y yo me entrego sin reservas a él. Viviré y moriré en su pecho amoroso; ni la vida ni la muerte me separarán jamás de él. Oh amor eterno, mi alma te anhela y te elige para siempre. Ven, oh Espíritu Santo, e inflama de amor nuestros corazones. ¡Oh amor, oh muerte, morir a todos los demás amores, para vivir únicamente al de Jesucristo! Oh Redentor de nuestras almas, concédenos cantar eternamente: ¡Vive, Jesús! Yo amo a Jesús; ¡vive, Jesús, a quien amo! sí, amo a Jesús, que reina por los siglos de los siglos"[19].

El amor de Jesucristo hacia los hombres creó en él un anhelante deseo de que llegara el momento de su muerte, cuando su amor se manifestara plenamente a ellos; por eso solía decir en vida: Tengo un bautismo con el que he de ser bautizado, y ¡cómo me aprieto hasta que se cumpla![20] Tengo que ser bautizado con mi propia sangre, y ¡cómo me aprieto con el deseo de que llegue pronto la hora de mi Pasión, porque entonces el hombre conocerá el amor que le profeso! De ahí que San Juan, hablando de aquella noche en que Jesús comenzó su Pasión, escriba: Jesús, sabiendo que había llegado su hora de pasar de este mundo al Padre, habiendo amado a los suyos que estaban en el mundo, los amó hasta el extremo[21]. El Redentor llamó a aquella hora su propia hora, porque la hora de su muerte era la hora deseada por él; pues era entonces cuando quería dar a los hombres la última prueba de su amor, muriendo por ellos en una cruz abrumada de dolores.

Pero, ¿qué pudo inducir a un Dios a morir como malhechor en una cruz entre dos pecadores, con semejante insulto a su divina majestad? "¿Quién lo hizo?", pregunta San Bernardo, y responde: "Fue el amor, descuidado de su dignidad"[22] Ah, el amor, en efecto, cuando trata de darse a conocer, no busca lo que conviene a la dignidad del amante, sino lo que servirá mejor para declararse al objeto amado. Por eso San Francisco de Paula tenía buenas razones para gritar a la vista de un crucifijo: "¡Oh caridad, oh caridad, oh caridad!". Y del mismo modo, cuando miramos a Jesús en la cruz, todos deberíamos exclamar: ¡Oh amor, oh amor, oh amor!

Ah, si la fe no nos lo hubiera asegurado, ¿quién hubiera podido creer que un Dios, todopoderoso, felicísimo y Señor de todo, hubiera condescendido a amar al hombre hasta tal punto que parece salir de sí mismo por amor a él? Hemos visto a la misma Sabiduría, es decir, al Verbo Eterno, volverse insensata por el excesivo amor que profesaba al hombre. Así habló San Lorenzo Justiniano: "Vemos a la misma Sabiduría infatuarse por exceso de amor"[23] Lo mismo dijo Santa María Magdalena de Pazzi: Un día, estando en éxtasis, tomó en sus manos un crucifijo de madera, y luego gritó: "Sí, Jesús mío, Tú estás loco de amor: Lo repito y lo diré siempre: Jesús mío, estás loco de amor". Pero no, dice San Dionisio Areopagita; "no, no es locura, sino el efecto ordinario del amor divino, que hace salir de sí al que ama, para entregarse por entero al objeto de su amor: el amor divino causa el éxtasis"[24].

¡Oh, si los hombres se detuvieran a considerar, mirando a Jesús en la cruz, el amor que ha soportado cada uno de ellos! "¡Con qué amor, dice San Francisco de Sales, no se encenderían nuestras almas a la vista de esas llamas que hay en el pecho del Redentor! Y ¡oh, qué felicidad, poder ser consumidos por ese mismo fuego con el que nuestro Dios arde por nosotros! Qué dicha, estar unidos a Dios por las cadenas del amor!". San Buenaventura llamó a las llagas de Jesucristo, llagas que atraviesan los corazones más insensatos, y que inflaman las almas más ardientes[25] ¡Cuántos dardos de amor salen de esas llagas, para herir los corazones más duros! ¡Oh, cuántas llamas salen del corazón ardiente de Jesucristo para inflamar las almas más frías! ¡Y cuántas cadenas, de aquel costado herido, para atar las voluntades más obstinadas!

El Venerable Juan de Ávila, que estaba tan poseído del amor de Jesucristo, que en ninguno de sus sermones dejaba de hablar del amor que Jesucristo nos tiene, en un tratado sobre el amor que este amantísimo Redentor tiene a los hombres, se ha expresado con sentimientos tan llenos del fuego de la devoción, y de tanta belleza, que deseo insertarlos aquí. Dice así:

"Tú, oh Redentor, has amado al hombre de tal manera, que quien reflexiona sobre este amor no puede menos que amarte; porque tu amor ofrece violencia a los corazones: como dice el Apóstol: La caridad de Cristo nos apremia[26]. La fuente del amor de Jesucristo a los hombres es su amor a Dios. Por eso dijo el Jueves Santo: Para que el mundo conozca que amo al Padre, levántate, vámonos[27] Pero ¿adónde? A morir por los hombres en la cruz".

"Ningún intelecto humano puede concebir con qué fuerza arde este fuego en el corazón de Jesucristo. Así como se le ordenó sufrir la muerte una vez, así, si se le hubiera ordenado morir mil veces, su amor habría sido suficiente para soportarlo. Y si lo que sufrió por todos los hombres le hubiera sido impuesto por la salvación de una sola alma, habría hecho por cada uno en particular lo mismo que hizo por todos. Y así como permaneció tres horas en la cruz, así, de haber sido necesario, su amor le habría hecho permanecer allí hasta el día del juicio. De modo que Jesucristo amó mucho más de lo que padeció. Oh divino amor, cuánto más grande eras de lo que exteriormente pareces ser; porque aunque tantas heridas y contusiones nos hablan de un gran amor, no dicen toda su grandeza. Había mucho más dentro de ti que lo que aparecía externamente. No era más que una chispa que brotaba del vasto océano del amor infinito. Esta es la mayor señal de amor, dar la vida por nuestros amigos. Pero esto no fue suficiente para que Jesucristo expresara su amor".

"Este es el amor que hace que las almas santas se pierdan y se queden asombradas, cuando una vez se les ha permitido conocerlo. De él brotan esos ardientes sentimientos de ardor, el deseo del martirio, el gozo en los sufrimientos, la exultación bajo las tormentas de la angustia, la fuerza de caminar sobre carbones ardientes como si fueran rosas, la sed de sufrimientos, el regocijo en lo que el mundo teme, el abrazar lo que aborrece. San Ambrosio dice que el alma, que está desposada con Jesucristo en la cruz, nada considera tan glorioso como llevar sobre sí las marcas del crucificado."

"¡Pero cómo, oh amante mío, pagaré este tu amor! Es justo que la sangre sea compensada con sangre. ¡Que me vea teñido en esta sangre y clavado en esta cruz! ¡Oh santa cruz, acógeme a mí también! ¡Oh corona de espinas, engrandécete, para que yo también pueda colocarte sobre mi cabeza! ¡Oh clavos, deja esas manos inocentes de mi Señor, y ven a traspasar mi corazón con compasión y con amor! Porque Tú, Jesús mío, moriste, como dice San Pablo, para ganar el dominio sobre los vivos y los muertos, no por medio de castigos, sino por amor:" Porque para esto murió Cristo y resucitó: para ser Señor tanto de los muertos como de los vivos"[28].

"¡Oh ladrón de corazones, la fuerza de tu amor ha quebrantado la extrema dureza de nuestros corazones! Has inflamado el mundo entero con tu amor. Oh amantísimo Señor, embriaga nuestros corazones con este vino, consúmelos con este fuego, traspásalos con este dardo de tu amor. Tu Cruz es en verdad una flecha que atraviesa los corazones. ¡Que todo el mundo sepa que mi corazón está herido! Oh dulcísimo amor, ¿qué has hecho? Has venido a curarme y me has herido. Has venido a enseñarme, y me has vuelto casi loco. Oh locura llena de sabiduría, ¡que nunca viva sin ti! Todo lo que contemplo en la cruz, Señor, me invita a amarte: el madero, la figura, las heridas de tu cuerpo; y sobre todo, tu amor, me compromete a amarte y a no olvidarte nunca más"[29].

Pero para llegar al amor perfecto de Jesucristo, debemos adoptar los medios. He aquí, pues, los medios que Santo Tomás de Aquino nos da:[30]

1. Tener un recuerdo constante de los beneficios de Dios, tanto generales como particulares.

2. 2. Considerar la infinita bondad de Dios, que siempre está esperando hacernos bien, y que siempre nos ama, y busca de nosotros nuestro amor.

3. A evitar hasta lo más pequeño que pueda ofenderle.

4. Renunciar a todos los bienes sensibles de este mundo, riquezas, honores y placeres sensuales.

El Padre Tauler[31] dice que la meditación de la sagrada Pasión de Jesucristo es un gran medio también para adquirir su perfecto amor.

¿Quién puede negar que, de todas las devociones, la devoción a la Pasión de Jesucristo es la más útil, la más tierna, la más agradable a Dios, la que da mayor consuelo a los pecadores, y al mismo tiempo la que más poderosamente enciende las almas amantes? ¿De dónde recibimos tantas bendiciones, si no es de la Pasión de Jesucristo? ¿De dónde nos viene la esperanza del perdón, el valor contra las tentaciones, la confianza de que iremos al cielo? ¿De dónde tantas luces para conocer la verdad, tantas llamadas amorosas, tantos acicates para cambiar de vida, tantos deseos de entregarnos a Dios, si no es de la Pasión de Jesucristo? El Apóstol, pues, no tenía sino demasiadas razones para declarar excomulgado al que no amaba a Jesucristo. Si alguno no ama a nuestro Señor Jesucristo, sea anatema[32].

San Buenaventura dice que no hay devoción más apta para santificar un alma que la meditación de la Pasión de Jesucristo, por lo que nos aconseja meditar todos los días sobre la Pasión si queremos avanzar en el amor de Dios. "Si queréis progresar, meditad todos los días la Pasión del Señor; porque nada obra una santificación tan completa en el alma como la meditación de la Pasión de Cristo"[33] Y antes que él, San Agustín, según cuenta Bustis, dijo que una lágrima derramada en memoria de la Pasión vale más que ayunar semanalmente a pan y agua durante un año[34]. Por eso los santos se ocuparon siempre en considerar los dolores de Jesucristo: fue por este medio que San Francisco de Asís se convirtió en serafín. Un día le encontró un caballero derramando lágrimas y gritando a gran voz: al preguntarle la causa, respondió: "Lloro por las penas e ignominias de mi Señor; y lo que más me apena es que los hombres, por quienes tanto sufrió, vivan olvidándole". Y al decir esto lloró aún más, de modo que este caballero también se echó a llorar. Cuando el santo oía el balido de un cordero o veía cualquier cosa que le recordara la Pasión de Jesús, inmediatamente derramaba lágrimas. En otra ocasión, estando enfermo, alguien le dijo que leyera algún libro piadoso. "Mi libro", respondió, "es Jesús crucificado". De ahí que no hiciera otra cosa que exhortar a sus hermanos a estar siempre pensando en la Pasión de

Jesucristo. Tiepoli escribe: "Quien no se inflama de amor de Dios mirando a Jesús muerto en la cruz, nunca amará del todo."

Afectos y oraciones.

¡Oh Verbo Eterno! Has gastado treinta y tres años en trabajos y fatigas; has dado Tu vida y Tu sangre por la salvación de los hombres; en fin, no has escatimado nada para que los hombres Te amen; y ¿cómo es posible que haya quienes sepan esto y, sin embargo, no Te amen? Oh Dios, ¡entre estos ingratos también puedo contarme yo! Veo el mal que te he hecho; ¡oh Jesús mío, ten piedad de mí! Te ofrezco este corazón ingrato; ingrato, es verdad, pero arrepentido. Sí, me arrepiento por encima de cualquier otro mal, oh mi querido Redentor, por haberte despreciado. Me arrepiento y lo lamento de todo corazón. Oh alma mía, ama a un Dios que está atado como un criminal por ti; a un Dios azotado como un esclavo por ti; a un Dios convertido en rey de burlas por ti; a un Dios, en fin, muerto en una cruz, como el más vil proscrito por ti. Sí, Salvador mío, Dios mío, te amo, te amo. Trae continuamente a mi memoria, te lo suplico, todo lo que has sufrido por mí, para que nunca más me olvide de amarte. Oh cuerdas que ataron a mi Jesús, átame a Jesús; espinas que coronaron a mi Jesús, traspásame con el amor de Jesús; clavos que traspasaron a mi Jesús, clávame a la Cruz de Jesús, para que viva y muera unido a Jesús. ¡Oh sangre de Jesús, embriágame con su santo amor! ¡Oh muerte de Jesús, hazme morir a todo afecto terreno! Pies traspasados de mi Señor, te abrazo; líbrame del infierno, que he merecido; Jesús mío, en el infierno ya no podría amarte, y sin embargo deseo amarte siempre. Sálvame, mi amadísimo Salvador; átame a Ti, para que nunca más te pierda. Oh María, refugio de los pecadores y Madre de mi Salvador, socorre a un pecador que quiere amar a Dios y que se encomienda a Ti; socórreme por el amor que profesas a Jesucristo.

II.

Cuánto merece Jesucristo ser amado por nosotros, a causa del amor que nos ha manifestado al instituir el santísimo Sacramento del Altar.

Jesús, sabiendo que había llegado su hora de pasar de este mundo al Padre, habiendo amado a los suyos... los amó hasta el fin[35]. Nuestro amantísimo Salvador, sabiendo que había llegado su hora de dejar esta tierra, quiso, antes de ir a morir por nosotros, dejarnos la mayor señal posible de su amor; y ésta fue el don del Santísimo Sacramento.

San Bernardino de Siena observa que los hombres recuerdan más continuamente y aman con más ternura las muestras de amor que se les manifiestan en la hora de la muerte[36]. De ahí que sea costumbre que los amigos, cuando están a punto de morir, dejen a las personas a quienes han amado algún regalo, como un vestido o un anillo, como recuerdo de su afecto. Pero, ¿qué nos has dejado Tú, oh Jesús mío, al dejar este mundo, en memoria de tu amor? No un vestido o un anillo, sino tu propio cuerpo, tu sangre, tu alma, tu divinidad, todo tu ser, sin reservas. "Te lo dio todo", dice San Juan Crisóstomo; "no dejó nada para sí"[37].

El Concilio de Trento dice[38] que en este don de la Eucaristía Jesucristo quiso, por decirlo así, derramar todas las riquezas del amor que tenía a los hombres. Y el Apóstol observa que Jesús quiso conceder este don a los hombres la misma noche en que planeaban su muerte: La misma noche en que fue entregado, tomó pan y, dando gracias, lo partió y dijo: Tomad y comed: esto es mi cuerpo[39]. San Bernardino de Siena dice que Jesucristo, ardiendo en amor por nosotros, y no contento con estar dispuesto a dar su vida por nosotros, se vio obligado por el exceso de su amor a realizar una obra mayor antes de morir, y ésta fue dar su propio cuerpo por nuestro alimento[40].

Este Sacramento, por tanto, fue llamado con razón por Santo Tomás, "el Sacramento del amor, la prenda del amor"[41] Sacramento del amor; porque el amor fue el único motivo que indujo a Jesucristo a darnos en él todo su ser, Prenda del amor; de modo que si alguna vez hubiéramos dudado de su amor, tendríamos en este sacramento una prenda del mismo: como si nuestro Redentor, al dejarnos este don, hubiera dicho: Oh almas, si alguna vez dudáis de mi amor, he aquí que yo mismo os dejo en este Sacramento: con tal prenda, ya nunca podréis dudar de que os amo, y os amo hasta el exceso. Pero más aún, San Bernardo llama a este sacramento "el amor de los amores"[42]; porque este don comprende todos los demás dones que nos ha concedido nuestro Señor, la creación, la redención, la predestinación a la gloria; de modo que la Eucaristía no sólo es prenda del amor de Jesucristo, sino del paraíso, que también desea darnos. "De ahí que San Felipe Neri no pudiera encontrar otro nombre para Jesucristo en el Sacramento que el de "amor"; y así, cuando le trajeron el santo Viático, se le oyó exclamar: "He aquí mi amor; dame mi amor".

El profeta Isaías [44] deseaba que el mundo entero conociese las tiernas invenciones de que se ha valido nuestro Dios para hacer que los hombres le amen. ¿Y quién hubiera podido pensar, si él mismo no lo hubiera hecho, que el Verbo encarnado se escondería bajo las apariencias del pan, para convertirse él mismo en nuestro alimento? "¿No parece locura -dice San Agustín- decir: Comed mi carne; bebed mi sangre?"[45] Cuando Jesu-cristo reveló a sus discípulos el sacramento que deseaba dejarles, no pudieron creerle, y le abandonaron, diciendo: ¿Cómo puede éste darnos a comer su carne? ... Esta palabra es dura, y ¿quién puede oírla?[46] Pero lo que los hombres no podían concebir ni creer, el gran amor de Jesucristo lo ha pensado y realizado. Tomad y comed, dijo a sus discípulos antes de ir a morir; y por medio de ellos a todos nosotros. Tomad y comed; pero ¿qué alimento será ése, oh Salvador del mundo, que quieres darnos antes de morir? Tomad y comed; esto es mi cuerpo[47]. No es comida terrena; soy yo quien me doy enteramente a vosotros.

Y ¡oh, con qué deseo jadea Jesucristo por entrar en nuestras almas en la Sagrada Comunión! Con deseo he deseado comer con vosotros esta Pascua antes de sufrir[48]. Así habló aquella noche en que instituyó este sacramento de amor. Con deseo he deseado: así le hizo hablar el excesivo amor que nos profesaba, como observa san Lorenzo Justiniano: "Estas son las palabras del amor más ardiente"[49]. "Y para que todos pudieran recibirlo fácilmente, quiso dejarse bajo la apariencia de pan; porque si se hubiera dejado bajo la apariencia de algún alimento raro o muy costoso, los pobres se habrían visto privados de él; pero no, Jesús quiso esconderse bajo la forma del pan, que cuesta poco y se encuentra en todas partes, para que todos en todos los países pudieran encontrarlo y recibirlo.

Así, pues, para incitarnos a recibirle en la sagrada Comunión, no sólo nos exhorta a ello con tantas invitaciones: Venid, comed mi pan, y bebed el vino que os he mezclado;[50] Comed, amigos, y bebed,[51] hablando de este pan y vino celestiales, sino que incluso nos da un precepto formal: Tomad y comed; esto es mi cuerpo. Y más aún: para que vayamos a recibirlo, nos seduce con la promesa del paraíso. El que come mi carne tiene vida eterna. Y aún más, nos amenaza con el infierno y la exclusión del paraíso si nos negamos a comulgar. Si no coméis la carne del Hijo del hombre, no tendréis vida en vosotros[53]. Estas invitaciones, estas promesas, estas amenazas, todo procede del gran deseo que tiene de venir a nosotros en este sacramento.

Pero ¿por qué desea tanto Jesucristo que le recibamos en la Sagrada Comunión? He aquí la razón. San Dionisio dice que el amor siempre suspira y tiende a la unión, y así dice también Santo Tomás: "Deseo de dos de llegar a ser uno"[54] Los amigos que se aman de verdad quisieran estar tan unidos que llegaran a ser una sola persona. Pues bien, esto es lo que ha hecho el infinito amor de Dios por el hombre, que no sólo se da a sí mismo en el reino eterno, sino que incluso en esta vida permite a los hombres poseerle en la más íntima unión, dándose a sí mismo, entero y entero, bajo las apariencias del pan en el sacramento.

Él está allí como detrás de un muro; y desde allí contempla, por así decirlo, a través de una celosía cerrada: He aquí que está detrás de nuestro muro, mirando a través de las ventanas, mirando a través de las celosías[55]. Es verdad, no lo vemos; pero él nos ve, y está allí realmente presente: está presente, para que lo poseamos: pero se oculta de nosotros para que lo deseemos: y mientras no hayamos alcanzado nuestra verdadera patria, Jesús desea darse enteramente a nosotros, y permanecer unido a nosotros.

No pudo satisfacer su amor entregándose al género humano por su Encarnación y por su Pasión, muriendo por todos los hombres en la cruz; sino que quiso encontrar el modo de darse enteramente a cada uno de nosotros en particular; y para ello instituyó el Sacramento del Altar, a fin de unirse enteramente a cada uno: El que come mi carne, dijo, permanece en mí y yo en él[56]. En la sagrada Comunión Jesús se une al alma, y el alma a Jesús; y no se trata de una unión de mero afecto, sino de una unión verdadera y real. Por eso dice San Francisco de Sales: "En ninguna otra acción puede considerarse al Salvador más tierno o más amoroso que en ésta, en la que se aniquila a sí mismo, por decirlo así, y se reduce a alimento, para penetrar en nuestras almas y unirse a los corazones de sus fieles"[57] San Juan Crisóstomo dice que Jesucristo, por el ardiente amor que nos profesaba, quiso unirse a nosotros de tal modo que llegó a ser una misma cosa con nosotros. "Se mezcló con nosotros para que fuéramos una sola cosa; porque esto es propio de los que aman ardientemente"[58].

"Fue Tu deseo, en resumen", dice San Lorenzo Justiniano, "¡Oh Dios, enamorado de nuestras almas, hacer, por medio de este sacramento, Tu propio corazón, por una unión inseparable, uno y el mismo corazón con el nuestro!"[59] San. Bernardino de Siena añade que "el don de Jesucristo a nosotros como alimento fue el último paso de su amor, ya que se nos da a sí mismo para unirse enteramente a nosotros, del mismo modo que el alimento se une a quien lo toma"[60] ¡Oh, cuánto se complace Jesucristo en unirse a nuestras almas! Un día dijo a su amada sierva Margarita de Ypres, después de la Comunión: "Mira, hija mía, la hermosa unión que existe entre tú y yo: ven, pues, ámame; y permanezcamos siempre unidos en el amor, y no nos separemos nunca más"[61].

Debemos, pues, persuadirnos de que un alma no puede hacer, ni pensar en hacer, nada que dé mayor placer a Jesucristo que comunicarse frecuentemente, con disposiciones adecuadas al gran huésped que debe recibir en su corazón. He dicho disposiciones adecuadas, no dignas, porque si fueran necesarias, ¿quién podría comunicarse? Sólo otro Dios sería digno de recibir a Dios. Por adecuadas entiendo aquellas disposiciones que se convierten en una miserable criatura, revestida de la infeliz carne de Adán. Hablando ordinariamente, es suficiente si una persona se comunica en estado de gracia, y con un gran deseo de crecer en el amor de Jesucristo. San Francisco de Sales decía: "Sólo por amor debemos recibir a Jesucristo en la Comunión, ya que sólo por amor se nos da a sí mismo"[61] Por lo demás, en cuanto al número de veces que una persona debe comulgar, en esto debe guiarse por el consejo de su Padre espiritual. Sin embargo, debemos saber que ningún estado de vida o empleo, ni el estado matrimonial ni los negocios, impide la Comunión frecuente, cuando el director lo crea conveniente, como el Papa Inocencio XI. ha declarado en su decreto de 1679, cuando dice: "La Comunión frecuente debe dejarse al juicio de los confesores... quienes, para los laicos en los negocios, o en el estado matrimonial, deben recomendarla según vean que será provechosa para su salvación"[62].

A continuación debemos comprender que no hay nada de lo que podamos sacar tanto provecho como de la Comunión. El Padre Eterno ha hecho a Jesucristo poseedor de todos sus tesoros celestiales. El Padre ha entregado todas las cosas en sus manos[63]. Por eso, cuando Jesucristo se acerca a un alma en la Sagrada Comunión, trae consigo tesoros ilimitados de gracia; y, en consecuencia, después de la Comunión podemos decir con toda justicia: Ahora me llegaron todas las cosas buenas junto con ella[64]. [64] San Dionisio dice que el sacramento de la Eucaristía es mucho más poderoso para la santificación de las almas que todos los demás medios espirituales de gracia;[65] y San Vicente Ferrer, que una sola Comunión hace más por el alma que una semana de ayuno a pan y agua.

En primer lugar, como enseña el Concilio de Trento, la Comunión es aquel gran remedio que nos libra de los pecados veniales y nos preserva contra los mortales[66]; se dice "de las culpas cotidianas", porque, según Santo Tomás[67], por medio de este sacramento el hombre es excitado a hacer actos de amor, por los cuales se perdonan los pecados veniales. Y se dice que "somos preservados de los pecados mortales, porque la Comunión aumenta la gracia, que nos preservará de las grandes faltas". De ahí que Inocencio III diga que Jesucristo nos libró del poder del pecado por su Pasión, pero que por la Eucaristía nos libra del poder de pecar[68].

Este Sacramento, además, por encima de todos los demás, inflama nuestras almas con el amor divino. Dios es amor[69] y es fuego que consume todos los afectos terrenales de nuestro corazón. Y precisamente para esto, para encender este fuego, vino a la tierra el Hijo de Dios. He venido a enviar fuego a la tierra; y añadió que lo único que deseaba era ver este fuego encendido en nuestras almas: Y ¿qué quiero sino que se encienda?[71] Y ¡oh, qué llamas de amor no enciende Jesucristo en el corazón de todo el que le recibe devotamente en este sacramento! Santa Catalina de Siena vio una vez que la Hostia en la mano de un sacerdote parecía un globo de fuego; y la santa se asombró de que los corazones de todos los hombres no estuvieran abrasados y, por decirlo así, reducidos a cenizas por semejante llama. De la cara de Santa Rosa de Lima, después de la Comunión, salían rayos tan brillantes que deslumbraban los ojos de los que la veían; y el calor de su boca era tan intenso, que una mano que se acercaba a ella quedaba abrasada. Se cuenta de San Wenceslao, que con sólo visitar las iglesias donde se guardaba el Santísimo Sacramento, se inflamaba de tal ardor, que su criado que le acompañaba no sentía el frío, si al caminar sobre la nieve pisaba las huellas del santo.

San Juan Crisóstomo dice que el Santísimo Sacramento es un fuego ardiente; de modo que cuando salimos del altar exhalamos llamas de amor, que nos hacen objetos de terror para el infierno[72] El esposo de los Cánticos dice: Me llevó a la bodega del vino, Puso en orden la caridad en mí[73]. [San Gregorio de Nisa dice que la Comunión es precisamente esta bodega de vino, en la que el alma se embriaga de tal modo con el amor divino, que olvida y pierde de vista a las criaturas; y ésta es la languidez de amor de la que habla de nuevo la esposa: Sostenedme con flores, rodeadme de manzanas, porque languidezco de amor[74].

Alguien dirá: "Pero precisamente por eso no me comunico con frecuencia, porque veo que soy muy frío en el amor de Dios". Gerson responde a tal diciendo: "¿Por eso, porque tienes frío, te alejas voluntariamente del fuego? Más bien, porque te sientes frío, deberías acercarte tanto más frecuentemente a este sacramento, si realmente deseas amar a Jesucristo." "Aunque sea con tibieza -escribió san Buenaventura-, acércate de todos modos, confiando en la misericordia de Dios. Cuanto más enfermo se siente uno, más necesidad tiene de médico"[75] De igual modo, San Francisco de Sales: "Dos clases de personas deben comulgar con frecuencia: los perfectos, para seguir siéndolo; y los imperfectos, para llegar a ser perfectos"[76] Pero para comulgar con frecuencia es necesario, al menos, tener un gran deseo de hacerse santo y de crecer en el amor a Jesucristo. Nuestro Señor dijo una vez a Santa Matilde: "Cuando comulgues desea todo el amor que un alma me haya tenido jamás, y yo recibiré tu amor según tu deseo"[77].

Afectos y oraciones.

Dios de amor, oh amante infinito, digno de amor infinito, dime ¿qué más puedes inventar para hacernos amarte? No te bastó hacerte hombre, y someterte a todas nuestras miserias; no te bastó derramar por nosotros toda tu sangre en tormentos, y luego morir abrumado de dolor, en una cruz destinada a los más vergonzosos malhechores. Te obligaste, por fin, a ocultarte bajo las especies del pan y del vino, para convertirte en nuestro alimento, y así unirte a cada uno de nosotros. Dime, repito, ¿qué más puedes inventar para hacerte amar por nosotros? ¡Ah, desgraciados seremos si no Te amamos en esta vida! Y cuando hayamos entrado en la eternidad, ¡qué remordimiento no sentiremos por no haberte amado! Jesús mío, no moriré sin amarte, y amarte mucho. Lo siento de todo corazón y me duele haberte ofendido tanto. Pero ahora Te amo sobre todas las cosas. Te amo más que a mí mismo y te consagro todo mi afecto. Tú, que me inspiras este deseo, dame también la gracia de realizarlo. Jesús mío, Jesús mío, nada deseo de Ti sino a Ti mismo. Ahora que me has atraído a tu amor, lo dejo todo, renuncio a todo y me aferro a Ti: sólo Tú me bastas. María, Madre de Dios, ruega a Jesús por mí y hazme santo. Añade esto también a las muchas maravillas que has hecho al convertir a los pecadores en santos.

III.

La gran confianza que debemos tener en el amor que Jesucristo nos ha mostrado y en todo lo que ha hecho por nosotros.

David puso toda su esperanza de salvación en su futuro Redentor, y dijo: En tus manos, Señor, encomiendo mi espíritu; Tú me has redimido, Señor, Dios de verdad.

Pero ¡cuánto más debemos poner nuestra confianza en Jesucristo, ahora que ha venido y ha realizado la obra de la redención! De ahí que cada uno de nosotros deba decir y repetir una y otra vez con mayor confianza: En tus manos, Señor, encomiendo mi espíritu; Tú me has redimido, Señor, Dios de verdad[78].

Si tenemos grandes motivos para temer la muerte eterna a causa de nuestros pecados contra Dios, tenemos, en cambio, muchos más motivos para esperar la vida eterna por los méritos de Jesucristo, que son infinitamente más poderosos para nuestra salvación que nuestros pecados para nuestra condenación. Hemos pecado y hemos merecido el infierno; pero el Redentor ha venido a tomar sobre sí todas nuestras ofensas y a satisfacerlas con sus sufrimientos: Ciertamente, Él ha llevado nuestras enfermedades y cargado con nuestros dolores[79].

En el mismo momento infeliz en que pecamos, Dios ya había escrito contra nosotros la sentencia de muerte eterna; pero ¿qué ha hecho nuestro misericordioso Redentor? Anuló con su sangre la sentencia de nuestra condenación, y luego la fijó en la cruz, para que, cuando miremos la sentencia de nuestra condenación por los pecados que hemos cometido, podamos ver al mismo tiempo la cruz en la que Jesucristo murió y borró esta sentencia con su sangre, y así recobrar la esperanza del perdón y de la vida eterna.

¡Oh, con cuánta más fuerza habla por nosotros la sangre de Jesucristo, y nos obtiene la misericordia de Dios, que habló contra Caín la sangre de Abel! Vosotros habéis venido a Jesús, el mediador del Nuevo Testamento, y a la aspersión de la sangre, que habla mejor que la de Abel[81]. Como si el Apóstol hubiera dicho: "¡Oh pecadores, dichosos vosotros de poder, después de haber pecado, acudir a Jesús crucificado, que ha derramado toda su sangre, para hacerse mediador de paz entre los pecadores y Dios, y obtener para ellos el perdón! Vuestras iniquidades claman contra vosotros, pero la sangre del Redentor aboga en vuestro favor; y la justicia divina no puede sino aplacarse por la voz de esta sangre preciosa".

Es verdad que tendremos que dar cuenta rigurosa al Juez Eterno de todos nuestros pecados. Pero, ¿quién será nuestro Juez? El Padre ha encomendado todo el juicio al Hijo[82] Consolémonos: el Padre Eterno ha encomendado nuestro juicio a nuestro propio Redentor. Por eso San Pablo nos anima diciendo: ¿Quién es el que condenará? Cristo Jesús, que murió, ... que también intercede por nosotros[83] ¿Quién es el juez que nos condena? Es el mismo Salvador que, para no condenarnos a la muerte eterna, se permitió a sí mismo ser condenado y morir; y no contento con esto, en este momento intercede ante su Padre por nuestra salvación. De ahí que Santo Tomás de Villanueva diga: "¿Qué temes, pecador, si detestas tu pecado? ¿Cómo te condenará el que murió para no condenarte? ¿Cómo te arrojará de sí, si vuelves a sus pies, el que vino del cielo a buscarte en el mismo momento en que huías de él?"[84].

Y si tememos, a causa de nuestra fragilidad, caer bajo los asaltos de nuestros enemigos, contra los que continuamente hemos de hacer la guerra, he aquí lo que hemos de hacer, como nos amonesta el Apóstol: Corramos al combate que se nos propone, mirando a Jesús, el autor y consumador de la fe, el cual, proponiéndosele el gozo, sufrió la cruz, menospreciando el oprobio[85]. Salgamos al combate con gran valor, mirando a Jesús crucificado, que desde su cruz nos ofrece su ayuda, la victoria y la corona. En tiempos pasados caímos en el pecado porque dejamos de mirar las llagas y los dolores soportados por nuestro Redentor, y así no recurrimos a él en busca de ayuda. Pero si para el futuro ponemos ante nuestros ojos todo lo que ha sufrido por amor a nosotros, y cómo está siempre dispuesto a socorrernos cuando recurramos a Él, es seguro que no seremos vencidos por nuestros enemigos. Santa Teresa decía con su generosidad: "No comprendo los temores de algunos, que dicen: El diablo, el diablo, con tal que digamos: Dios, Dios, y hagamos temblar a Satanás"[86] Por otra parte, la Santa nos asegura que si no ponemos toda nuestra confianza en Dios, de poco o nada servirán todos nuestros esfuerzos. "Oh, qué dos grandes misterios de esperanza y de amor son para nosotros la Pasión de Jesucristo y el Sacramento del Altar, misterios que nunca hubiéramos creído si la fe no nos los hubiera asegurado. Que Dios Todopoderoso se dignara hacerse hombre, derramar toda su sangre y morir de dolor en una cruz, ¿y por qué? Para pagar por nuestros pecados y obtener la salvación para nosotros, gusanos rebeldes. Y luego, su propio cuerpo, una vez sacrificado en la cruz por nosotros, ¡se digna dárnoslo como alimento para unirse totalmente a nosotros! Oh Dios, ¡cómo no deberían estos dos misterios consumir de amor los corazones de todos los hombres! ¿Y qué pecador hay, por muy abandonado que esté, que pueda desesperar del perdón, si se arrepiente del mal que ha hecho, cuando ve a un Dios tan lleno de amor por los hombres, y tan inclinado a hacerles bien? De ahí que San Buenaventura, lleno de confianza, dijera: "Tendré gran confianza, esperando firmemente que quien tanto ha hecho y padecido por mi salvación no me negará nada de lo que tengo necesidad"[88] ¿Cómo va a negarme las gracias necesarias para mi salvación quien tanto ha hecho y padecido por salvarme?

Acudamos, pues, (nos exhorta el Apóstol) con confianza al trono de la gracia, para alcanzar misericordia y hallar gracia en el momento oportuno[89] El trono de la gracia es la cruz en la que Jesús se sienta para dispensar gracias y misericordia a todos los que acuden a Él. Pero, si queremos hallar un oportuno auxilio para nuestra salvación, debemos acudir a Él con prontitud, porque tal vez llegue un momento en que ya no podamos encontrarlo. Vayamos, pues, deprisa, abracemos la cruz de Jesucristo y vayamos con gran confianza. No nos asustemos al ver nuestras miserias; en Jesús crucificado encontraremos toda la riqueza, toda la gracia: En todo habéis sido enriquecidos en Él, ... de modo que nada os falta en ninguna gracia[90]. Los méritos de Jesucristo nos han enriquecido con todos los tesoros divinos, y nos han hecho capaces de toda gracia que podamos desear.

San León dice: "Que Jesús nos ha traído con su muerte mejor que el demonio nos ha hecho daño con el pecado"[91] Y con estas palabras explica lo que San Pablo dijo antes que él, que el don de la redención es mayor que el pecado: la gracia ha vencido a la ofensa. No como la ofensa, así es también el don: donde abundó el pecado, sobreabundó la gracia[92]. De aquí nos anima el Salvador a esperar todo favor y toda gracia por sus méritos. Y ved cómo nos enseña el camino para obtener todo lo que queremos de su Eterno Padre: En verdad, en verdad os digo que si pedís algo al Padre en mi nombre, Él os lo dará[93]. Todo lo que deseéis, dice, pedidlo al Padre en mi nombre, y yo os prometo que seréis escuchados. Y, en efecto, ¿cómo podrá el Padre negárnoslo, si nos ha dado a su Hijo unigénito, a quien ama como a sí mismo? El que no escatimó ni a su propio Hijo, sino que lo entregó por todos nosotros, ¿cómo no nos ha dado también con Él todas las cosas?[94] El Apóstol dice todas las cosas; de modo que no se exceptúa ninguna gracia, ni el perdón, ni la perseverancia, ni el amor santo, ni la perfección, ni el paraíso, "todo, todo, nos lo ha dado." Pero hay que rogarle. Dios es todo liberalidad con los que le invocan: Rico con todos los que le invocan[95].

Volveré a citar aquí otros muchos hermosos pensamientos del Venerable Juan de Ávila, que nos ha dejado en sus cartas, sobre la gran confianza que debemos tener en los méritos de Jesucristo:

"No olvidéis que Jesucristo es el mediador entre el Eterno Padre y nosotros; y que somos amados por Él, y unidos a Él por tan fuertes lazos de amor, que nada los puede romper, mientras el hombre no los disuelva por sí mismo con algún pecado mortal. La sangre de Jesús clama y pide misericordia por nosotros; y clama tan fuerte que no se oye el ruido de nuestros pecados. La muerte de Jesucristo ha dado muerte a nuestros pecados: Los que están perdidos no lo están por falta de medios de satisfacción, sino porque no quisieron valerse de los sacramentos como medios de beneficiarse de la satisfacción hecha por Jesucristo.

"Jesús ha tomado sobre sí el asunto de remediar nuestros males, como si hubiera sido personalmente asunto suyo. De modo que ha llamado suyos nuestros pecados, aunque él no los cometió, y ha pedido perdón por ellos; y con el amor más tierno ha rogado, como si rogara por sí mismo, que todos los que recurrieran a él se convirtieran en objetos de amor. Y así como buscó, así halló, porque Dios ha ordenado que Jesús y nosotros estemos tan unidos en uno, que o él y nosotros seamos amados, o él y nosotros odiados: y puesto que Jesús no es ni puede ser odiado, del mismo modo, si permanecemos unidos por amor a Jesús, seremos también amados. Al ser él amado por Dios, nosotros también somos amados, viendo que Jesucristo puede hacer más para hacernos amar que nosotros para hacernos odiar; puesto que el Padre Eterno ama a Jesucristo mucho más de lo que odia a los pecadores.

"Jesús dijo a su Padre: Padre, quiero que donde yo estoy, estén también conmigo los que tú me has dado"[97] El amor ha vencido al odio; y así hemos sido perdonados y amados, y estamos seguros de no ser abandonados jamás, tan fuerte es el lazo de amor que nos une. El Señor dijo por Isaías: ¿Puede una mujer olvidar a su hijo? Y si ella se olvidara, yo no me olvidaría de ti. He aquí que te he esculpido en mis manos[98]. Él nos ha esculpido en sus manos con su propia sangre. Así pues, no debemos inquietarnos por nada, pues todo está ordenado por esas manos que fueron clavadas en la cruz en testimonio del amor que nos tiene.

"Nada puede inquietarnos tanto sobre lo que Jesucristo no pueda tranquilizarnos. Por más que me rodeen los pecados que he cometido, por más que los demonios me tiendan asechanzas, por más que me acusen los temores del porvenir, por más que exija la misericordia del tiernísimo Jesucristo, que me ha amado hasta la muerte, no puedo perder la confianza; porque me veo tan estimada, que Dios se dio a sí mismo por mí. ¡Oh Jesús mío, refugio seguro para los que Te buscan en tiempo de peligro! Oh Pastor vigilantísimo, se engaña a sí mismo quien no confía en Ti, si tan sólo tiene la voluntad de enmendar su vida. Por eso, Tú has dicho: Yo estoy aquí, no temas; Yo soy el que aflige y el que consuela. A algunos de vez en cuando los pongo en desolaciones, que parecen iguales al mismo infierno; pero al cabo de un tiempo los saco y los consuelo. Yo soy tu abogado, que he hecho mía tu causa. Yo soy tu fiador, que he venido a pagar tus deudas. Yo soy tu Señor, que te he redimido con mi sangre, no para abandonarte, sino para enriquecerte, habiéndote comprado a gran precio. ¿Cómo voy a huir del que me busca, cuando salí al encuentro de los que buscaban ultrajarme? No aparté mi rostro del que me golpeaba; ¿y lo haré del que quiere adorarme? ¿Cómo pueden dudar mis hijos de que los amo, viendo que por amor a ellos me puse en manos de mis enemigos? ¿A quién he despreciado que me amaba? ¿A quién he abandonado que buscaba mi ayuda? Incluso yo voy en busca de los que no me buscan"[99].

Si crees que el Padre Eterno te ha dado a su Hijo, cree también que te dará todo lo demás que es infinitamente menos que su Hijo. No creas que Jesucristo se olvida de ti, pues te ha dejado, como el mayor memorial y prenda de su amor, a sí mismo en el Santísimo Sacramento del Altar.

Afectos y oraciones.

Oh Jesús mío, amor mío, ¡qué gozosa esperanza me da tu Pasión! ¡Cómo no voy a temer recibir de un Dios Todopoderoso, que me ha dado toda su sangre, el perdón de mis pecados, el paraíso y todas las demás gracias que necesito! Ah, Jesús mío, mi esperanza y mi amor, Tú, para que yo no pereciera, diste Tu vida; Te amo sobre todo bien, Redentor mío y Dios mío. Te entregaste enteramente a mí; Te doy toda mi voluntad, y con ella repito que Te amo, y siempre diré: Te amo, Te amo. Así deseo decir siempre en esta vida, así deseo morir, exhalando mi último suspiro con esta querida palabra en mis labios: Dios mío, Te amo; y desde ese momento puedo comenzar un amor hacia Ti que durará para siempre, y sin cesar por toda la eternidad. Te amo, pues; y porque te amo, me arrepiento sobre todas las cosas de haberte ofendido. Para no perder una satisfacción pasajera, he estado dispuesto, miserable de mí, a perderte tantas veces, ¡oh bien infinito! Este pensamiento me atormenta más que cualquier dolor; pero me consuela pensar que tengo que ver con la bondad infinita, que no sabe despreciar a un corazón que ama de verdad. ¡Oh, si pudiera morir por Ti, que moriste por mí! Mi querido Redentor, ciertamente espero de Ti la salvación eterna en la vida venidera, y en esta vida espero la santa perseverancia en Tu amor; y por eso me propongo pedírtela siempre. Y Tú, por los méritos de tu muerte, dame perseverancia en la oración a Ti. También esto te pido y espero, oh María, Reina mía.

IV.

Cuánto estamos obligados a amar a Jesucristo.

Jesucristo, como Dios, tiene derecho a todo nuestro amor; pero por el amor que nos ha manifestado, ha querido ponernos, por decirlo así, en la necesidad de amarle, al menos en agradecimiento por todo lo que ha hecho y padecido por nosotros. Nos ha amado mucho para que le amemos mucho. "¿Por qué nos ama Dios, sino para ser amado?"[100], escribió San Bernardo. Y Moisés había dicho lo mismo antes que él: Y ahora, Israel, ¿qué pide de ti el Señor tu Dios, sino que temas al Señor tu Dios... y le ames?[101] Por eso el primer mandamiento que nos dio fue éste: Amarás al Señor tu Dios con todo tu corazón[102] Y San Pablo dice que el amor es el cumplimiento de la ley: El amor es el cumplimiento de la ley.[103] Porque "cumplimiento" en el texto griego significa "abarcar la ley";[104] el amor abarca toda la ley.

¿Quién puede negarse a amar a un Dios crucificado que muere por nuestro amor? Esas espinas, esos clavos, esa cruz, esas heridas y esa sangre nos llaman y nos empujan irresistiblemente a amar a quien tanto nos ha amado. Un corazón es demasiado poco para amar a este Dios tan enamorado de nosotros. Para corresponder al amor de Jesucristo, haría falta que otro Dios muriera por su amor. "Ah, ¿por qué -exclama San Francisco de Sales- no nos arrojamos sobre Jesucristo, para morir en la cruz con Aquel que se complació en morir allí por amor nuestro?"[105] El Apóstol nos inculca claramente que Jesucristo murió por nosotros con este fin, para que ya no vivamos para nosotros mismos, sino únicamente para aquel Dios que murió por nosotros: Cristo murió por todos, para que también los que viven no vivan ya para sí mismos, sino para Aquel que murió por ellos[106].

Y la recomendación del Eclesiástico viene aquí al caso: No olvides la bondad de tu fiador, que dio su vida por ti.[107] No te olvides de aquel que fue fiador por ti, el cual, para satisfacer por tus pecados, estuvo dispuesto a pagar con su muerte la deuda del castigo debido por ti. ¡Cuánto desea Jesucristo que nos acordemos continuamente de su Pasión, y cuánto le entristece ver que somos tan inconscientes de ella! Si uno soportara las afrentas, los golpes y el encarcelamiento de un amigo, ¡cuán aflictivo sería para él saber que ese amigo, después, nunca le dedicó un pensamiento y ni siquiera se preocupó de oír hablar de ello! Por el contrario, qué gratificante sería para él saber que su amigo constantemente hablaba de ello con la más cálida gratitud, y a menudo le daba las gracias por ello. Así es agradable a Jesucristo que conservemos en nuestra mente un recuerdo agradecido y amoroso de los dolores y de la muerte que sufrió por nosotros. Jesucristo fue el deseo de todos los Padres antiguos; fue el deseo de todas las naciones antes de que viniera a la tierra. Ahora, ¡cuánto más debe ser nuestro único deseo y nuestro único amor, ahora que sabemos que ha venido realmente, y somos conscientes de lo mucho que ha hecho y sufrido por nosotros, hasta el punto de morir en la cruz por amor a nosotros!

Con este fin, instituyó el Sacramento de la Sagrada Eucaristía el día anterior a su muerte, y nos dio la orden de que, cada vez que nos alimentáramos con su sagradísima carne, recordáramos su muerte: Tomad y comed; esto es mi cuerpo. ... Haced esto en conmemoración mía, etc. Porque todas las veces que comiereis este pan y bebiereis el cáliz, manifestaréis la muerte del Señor hasta que Él venga[108]. Por lo cual la santa Iglesia ora: "¡Oh Dios! que bajo este admirable Sacramento nos has dejado un memorial de tu Pasión"[109], etc. Y también canta: "Oh sagrado banquete, en el que Cristo es tomado, se renueva la memoria de su Pasión"[110], etc. De donde se deduce cuán gratos a Jesucristo son los que piensan con frecuencia en su Pasión, pues para esto mismo se dejó a sí mismo en el santo Sacramento sobre nuestros altares, a fin de que llevásemos en continuo y agradecido recuerdo todo lo que padeció por nosotros, y por este medio aumentásemos cada vez más nuestro amor hacia Él. San Francisco de Sales llamó al monte Calvario "el monte de los enamorados". Es imposible recordar ese monte y no amar a Jesucristo, que murió allí por amor a nosotros.

¡Oh Dios! ¡Y cómo es que los hombres no aman a este Dios que tanto ha hecho para ser amado por los hombres! Antes de la Encarnación del Verbo, el hombre podía dudar si Dios le amaba con verdadero amor; pero después de la venida del Hijo de Dios, y después de su muerte por amor de los hombres, ¿cómo es posible dudar de su amor? "Oh hombre", dice Santo Tomás de Villanueva, "mira esa cruz, esos tormentos y esa muerte cruel que Jesucristo ha sufrido por ti: después de tan grandes y tantas muestras de su amor, ya no puedes albergar duda de que te ama y te ama sobremanera." Y San Bernardo dice que "la cruz y todas las heridas de nuestro Santísimo Redentor gritan para hacernos comprender el amor que nos tiene"[111].

En este gran misterio de la redención del hombre, debemos considerar cómo Jesús empleó todos sus pensamientos y su celo para descubrir todos los medios de hacerse amar por nosotros. Si sólo hubiera querido morir por nuestra salvación, habría bastado con que Herodes lo matara junto con los demás niños; pero no, antes de morir prefirió llevar, durante treinta y tres años, una vida de privaciones y sufrimientos; y durante ese tiempo, con el fin de ganarse nuestro amor, se presentó bajo diversas apariencias. Primero, como un pobre niño nacido en un establo; después, como un muchachito que ayudaba en el taller; y finalmente, como un criminal ejecutado en una cruz. Pero antes de morir en la cruz, lo vemos en muchos estados diferentes, todos ellos calculados para excitar nuestra compasión y hacerse amar: en agonía en el huerto, bañado de pies a cabeza en un sudor de sangre; después, en el tribunal de Pilato, desgarrado por los azotes; luego tratado como un rey farsante, con una caña en la mano, un andrajoso manto de púrpura sobre los hombros y una corona de espinas en la cabeza; luego arrastrado públicamente por las calles hasta la muerte, con la cruz a cuestas; y finalmente, en la colina del Calvario, suspendido en la cruz por tres clavos de hierro. Decidme, ¿merece o no nuestro amor este Dios que se ha dignado soportar todos estos tormentos y emplear tantos medios para cautivar nuestro amor? El Padre John Rigouleux solía decir: "Pasaría mi vida llorando por amor a un Dios cuyo amor le indujo a morir por la salvación de los hombres".

"El amor es una gran cosa"[112], dice San Bernardo. Una cosa grande, una cosa preciosa es el amor. Salomón, hablando de la sabiduría divina, que es la santa caridad, la llamó tesoro infinito; porque el que posee la caridad se hace partícipe de la amistad de Dios: Porque ella es un tesoro infinito para los hombres, que los que la usan se hacen amigos de Dios[113].

El Doctor Angélico Santo Tomás dice que la caridad no sólo es la reina de todas las virtudes, sino que, dondequiera que reina, arrastra consigo, como si fuera en su tren, a todas las demás virtudes, y las dirige a todas para que nos unan más estrechamente con Dios; pero la caridad es propiamente la que nos une con Dios. Como nos dice San Bernardo: "La caridad es una virtud que nos une a Dios"[114] Y, en efecto, en las Sagradas

Escrituras se significa una y otra vez que Dios ama a quien le ama: Yo amo a los que me aman. [115] Si alguno me ama, mi Padre le amará, y vendremos a él y haremos morada en él. [116] El que permanece en la caridad, permanece en Dios, y Dios en él. [117] He aquí la hermosa unión que produce la caridad, que une el alma a Dios. Además, el amor da fuerzas para practicarlo y sufrirlo todo por Dios: El amor es fuerte como la muerte[118] San Agustín escribe: "Nada hay tan duro que no pueda ser sometido por el fuego del amor"[119] Por eso dice el santo que, donde se ama, o no se siente el trabajo, o, si se siente, se ama el trabajo mismo: "En lo que se ama, o no hay trabajo, o el trabajo es amado"[120].

Oigamos de San Juan Crisóstomo cuáles son los efectos del amor divino en aquellas almas en las que reina: "Cuando el amor de Dios se ha apoderado de un alma, produce en ella un deseo insaciable de trabajar por el amado; de tal manera que por muchas y vastas que sean las obras que hace, y por prolongada que sea la duración de su servicio, todo le parece nada a sus ojos, y se aflige de hacer tan poco por Dios; y si le fuera permitido morir y consumirse por él, sería felicísima. De aquí que se considere sierva inútil en todo lo que hace; porque está instruida por el amor para conocer lo que Dios merece y ve por esta clara luz todos los defectos de sus acciones, y encuentra en ellas motivos de confusión y dolor, bien consciente de cuán mezquino es todo lo que puede hacer por tan gran Señor."

¡"¡Oh! cómo se engañan esas personas", dice San Francisco de Sales, "que ponen la virtud en cualquier otra cosa que no sea amar a Dios! Algunos", escribe el santo, "ponen la perfección en las austeridades, otros en las limosnas, otros en la oración, otros en frecuentar los santos sacramentos. Por mi parte, no conozco otra perfección que la de amar a Dios con todo el corazón; porque todas las demás virtudes, sin amor, no son más que un montón de piedras. Y si no gozamos perfectamente de este santo amor, la culpa es nuestra, porque no llegamos, de una vez por todas, a la conclusión de entregarnos enteramente a Dios"[121].

Nuestro Señor dijo un día a Santa Teresa: "Todo lo que no me da placer es vanidad." ¡O-jalá todos comprendieran bien esta gran verdad! Por lo demás, una cosa es necesaria[122]: no es necesario ser rico en este mundo, ganar la estima de los demás, llevar una vida desahogada, gozar de dignidades, tener fama de docto; sólo es necesario amar a Dios y cumplir su voluntad. Para este único fin nos ha creado, para esto conserva nuestra vida; y así, sólo así podemos conseguir la entrada en el Paraíso. Ponme como un sello en tu corazón, como un sello en tu brazo"[123] Así habla el Señor a todas sus almas desposadas. Ponme como sello en tu corazón y en tu brazo, para que todos tus deseos y acciones tiendan a mí; en tu corazón, para que no entre otro amor que el mío; en tu brazo, para que todo lo que hagas tenga a mí como único objeto. ¡Oh, cuán rápidamente avanza hacia la perfección aquella alma que en todas sus acciones no mira sino a Jesús crucificado, y no tiene otra pretensión que gratificarle!

Adquirir, pues, un verdadero amor a Jesucristo debe ser nuestra única preocupación. Los maestros de la vida espiritual describen las características del verdadero amor. El amor, dicen, es temeroso, y su temor no es otro que el de desagradar a Dios. Es generoso, porque, confiando en Dios, nunca se amilana ni siquiera ante las mayores empresas para su gloria; es fuerte, porque somete todos sus malos apetitos, incluso en medio de las tentaciones más violentas y de las desolaciones más oscuras. Es obediente, porque vuela inmediatamente a ejecutar la voluntad divina. Es pura, porque ama sólo a Dios, y por la única razón de que merece ser amado. Es ardiente, porque inflamaría a toda la humanidad, y de buena gana la vería consumida por el amor divino. Es embriagadora, porque hace que el alma viva como fuera de sí misma, como si ya no viera, ni sintiera, ni le quedaran sentidos para las cosas terrenas, empeñada por entero en amar a Dios. Es unitiva, al producir una estricta unión entre la voluntad de la criatura y la voluntad del Creador. Es anhelante, porque llena el alma de deseos de dejar este mundo, para volar y unirse perfectamente a Dios en su verdadera y feliz patria, donde pueda amarle con todas sus fuerzas.

Pero nadie nos enseña tan bien las características reales y la práctica de la caridad como el gran predicador de la caridad, San Pablo. En su primera epístola a los Corintios dice, en primer lugar, que sin caridad el hombre no es nada, y que nada le aprovecha: Y si repartiese todos mis bienes para dar de comer a los pobres, y si entregase mi cuerpo para ser quemado, y no tuviese caridad, de nada me serviría"[124] De modo que incluso si un hijo tuviese fe bastante fuerte para remover montañas, como San Gregorio Taumaturgo, pero no tuviese caridad, de nada le serviría. Si diera todos sus bienes a los pobres, e incluso sufriera voluntariamente el martirio, pero permaneciera vacío de caridad, si lo hiciera, es decir, con cualquier otro fin que no fuera el de agradar a Dios, de nada le serviría. Luego San Pablo nos da las señales de la verdadera caridad, y al mismo tiempo nos enseña la práctica de aquellas virtudes que son hijas de la caridad; y continúa diciendo: La caridad es paciente, es benigna; la caridad no tiene envidia, no actúa perversamente; no es jactanciosa, no es ambiciosa; no busca lo suyo; no se irrita, no piensa mal; no se alegra de la iniquidad, sino que se alegra con la verdad; todo lo soporta, todo lo cree, todo lo espera, todo lo soporta[125].

Procedamos, pues, en el presente libro, a considerar estas santas prácticas, para que veamos así si reina verdaderamente en nosotros el amor que debemos a Jesucristo; así como para que comprendamos en qué virtudes debemos ejercitarnos principalmente, para perseverar y avanzar en este santo amor.

Afectos y oraciones.

Oh amantísimo y amorosísimo Corazón de Jesús, ¡desdichado el corazón que no te ama! Oh Dios, que por amor de los hombres moriste en la cruz, desamparado y abandonado, ¿cómo, pues, pueden los hombres vivir tan olvidados de Ti? ¡Oh amor de Dios! ¡Oh ingratitud del hombre! No hay más que mirar al inocente Hijo de Dios, que agoniza en la cruz y muere por vosotros, para satisfacer la justicia divina por vuestros pecados y, de este modo, induciros a amarle. Observa cómo, al mismo tiempo, ruega a su Padre eterno que te perdone. Contempladle y amadle. ¡Ah, Jesús mío, qué pequeño es el número de los que te aman! Desdichado soy también yo, que he vivido tantos años sin acordarme de Ti y te he ofendido gravemente, mi amado Redentor. No es tanto el castigo que he merecido lo que me hace llorar, como el amor que Tú me has tenido. ¡Oh dolores de Jesús! ¡Oh ignominias de Jesús! ¡Oh heridas de Jesús! ¡Oh muerte de Jesús! Oh amor de Jesús! reposad profundamente grabados en mi corazón, y que vuestro dulce recuerdo se fije allí para siempre, para herirme e inflamarme continuamente de amor. Te amo, Jesús mío; te amo, mi soberano bien; te amo, mi amor y mi todo; te amo y te amaré siempre. ¡Oh, que nunca más te abandone, que nunca más te pierda! Hazme enteramente Tuyo; hazlo por los méritos de Tu muerte. En esto confío firmemente. Y tengo también una gran confianza en tu intercesión, oh María, mi Reina; hazme amar a Jesucristo y hazme amarte también a Ti, mi Madre y mi esperanza.

LA CARIDAD ES PACIENTE

EL QUE AMA A JESUCRISTO AMA LOS SUFRIMIENTOS

Esta tierra es el lugar para merecer, y por lo tanto es un lugar para sufrir. Nuestra verdadera patria, donde Dios nos ha preparado el reposo en el gozo eterno, es el paraíso. No tenemos más que un corto tiempo para permanecer en este mundo; pero en este corto tiempo, tenemos muchos trabajos que sufrir: El hombre nacido de mujer, viviendo poco tiempo, está lleno de muchas miserias[1]. Debemos sufrir, y todos deben sufrir; sean justos o pecadores, cada uno debe llevar su cruz. El que la lleva con paciencia se salva; el que la lleva con impaciencia se pierde. San Agustín dice que las mismas miserias envían a unos al paraíso y a otros al infierno: "El mismo santo observa que por la prueba del sufrimiento se distingue la paja del trigo en la Iglesia de Dios: el que se humilla bajo las tribulaciones y se resigna a la voluntad de Dios, es trigo para el paraíso; el que se ensoberbece y se enfurece, y por eso abandona a Dios, es paja para el infierno.

El día en que se decida la causa de nuestra salvación, nuestra vida deberá ser hallada conforme a la vida de Jesucristo, si queremos gozar de la feliz sentencia de los predestinados: Porque a los que antes conoció, también los predestinó para que fuesen hechos conformes a la imagen de su Hijo[3]. Éste fue el fin por el que el Verbo Eterno descendió a la tierra, para enseñarnos, con su ejemplo, a llevar con paciencia la cruz que Dios nos envía: Cristo padeció por nosotros (escribió San Pedro), dejándoos ejemplo, para que sigáis sus pasos[4] De modo que Jesucristo sufrió a propósito para animarnos a sufrir. ¡Oh Dios, qué vida la de Jesucristo! Una vida de ignominia y dolor. El Profeta llama a nuestro

Redentor despreciado, y el más abyecto de los hombres, un hombre de dolores[5]. Un hombre despreciado, y tratado como el más bajo, el más vil entre los hombres, un hombre de dolores; sí, porque la vida de Jesucristo estuvo hecha de privaciones y aflicciones.

Ahora bien, de la misma manera que Dios ha tratado a su amado Hijo, así trata a todo aquel a quien ama, y a quien recibe por hijo: Porque a quien ama el Señor, castiga; y azota a todo hijo que recibe[6]. Por esto dijo un día a Santa Teresa: "Sabed que las almas más queridas de mi Padre son las que están afligidas con mayores sufrimientos"[7] De ahí que la santa dijera de todas sus penas, que no las cambiaría por todos los tesoros del mundo. Después de su muerte se apareció a un alma y le reveló que gozaba de una inmensa recompensa en el cielo, no tanto por sus buenas obras, cuanto por los sufrimientos que alegremente soportaba en esta vida por amor de Dios; y que si pudiera albergar el deseo de volver a la tierra, la única razón sería para poder sufrir más por Dios.

El que ama a Dios en el sufrimiento gana doble recompensa en el paraíso. San Vicente de Paúl [8] decía que era una gran desgracia no sufrir en esta vida. Y añadía que una congregación o un individuo que no sufre, y es aplaudido por todo el mundo, no está lejos de una caída. Por este motivo, San Francisco de Asís, el día que no sufrió nada por Dios, tuvo miedo de que Dios se hubiera olvidado de él. San Juan Crisóstomo[9] dice que, cuando Dios dota a un hombre de la gracia de sufrir, le concede una gracia mayor que la de resucitar a los muertos; porque al hacer milagros el hombre sigue siendo deudor de Dios, mientras que al sufrir, Dios se hace deudor del hombre. Y añade[10] que todo el que soporta algo por Dios, aunque no tuviera otro don que la fuerza de sufrir por el Dios a quien ama, esto le procuraría una inmensa recompensa. Por eso afirmaba que consideraba que San Pablo había recibido mayor gracia al ser encadenado por Jesucristo que al ser arrebatado al tercer cielo en éxtasis.

Pero la paciencia tiene una obra perfecta"[11] El significado de esto es que nada es más agradable a Dios que ver a un alma sufriendo con paciencia todas las cruces que Él le envía. El efecto del amor es asemejar al amante a la persona amada. San Francisco de Sales decía: "Todas las llagas de Cristo son otras tantas bocas, que nos predican que debemos sufrir por él". La ciencia de los santos es sufrir constantemente por Jesús; y de este modo pronto nos convertiremos en santos." Una persona que ama a Jesucristo está ansiosa de ser tratada como Jesucristo, pobre, perseguida y despreciada. San Juan contempló a todos los santos vestidos de blanco y con palmas en las manos: La palma es el símbolo de los mártires y, sin embargo, no todos los santos sufrieron el martirio; ¿por qué, entonces, todos los santos llevan palmas en las manos? San Gregorio responde que todos los santos han sido mártires de la espada o de la paciencia; de modo que, añade, "podemos ser mártires sin la espada, si conservamos la paciencia"[13].

El mérito de un alma que ama a Jesucristo consiste en amar y en sufrir. Oíd lo que dijo el Señor a Santa Teresa: "¿Piensas, hija mía, que el mérito consiste en gozar? No, consiste en sufrir y en amar. Mira mi vida, toda amargada de aflicciones. Ten la seguridad, hija mía, de que cuanto más ama mi Padre a alguien, más sufrimientos le envía; son la norma de su amor. Mira mis heridas; tus tormentos nunca llegarán tan lejos. Es absurdo suponer que mi Padre favorezca con su amistad a los que son extraños al sufrimiento"[14] Y para nuestro consuelo Santa Teresa hace esta observación: "Un día se apareció Jesucristo a la bienaventurada Baptista Varani[16] y le habló de tres favores especiales que acostumbra conceder a las almas queridas: el primero, no pecar; el segundo, que es mayor, hacer buenas obras; el tercero, y el mayor de todos, sufrir por su amor. Por lo que decía Santa Teresa [17], siempre que alguien hace algo por Dios, el Todopoderoso se lo paga con alguna prueba Y por eso los santos, al recibir tribulaciones, daban gracias a Dios por ellas. San Luis de Francia, refiriéndose a su cautiverio en Turquía, decía: "Me regocijo y doy gracias a Dios más por la paciencia que me concedió en el tiempo de mi prisión, que si me hubiera hecho dueño del universo". Y cuando Santa Isabel, princesa de Turingia, después de la muerte de su esposo, fue desterrada con su hijo del reino, y se encontró desamparada y abandonada por todos, se fue a un convento de franciscanos, y allí hizo cantar el Te Deum en acción de gracias a Dios por el señaladísimo favor de que se le permitiera sufrir por su amor.

San José Calasancio solía decir: "Todo sufrimiento es leve para ganar el cielo". Y ya el Apóstol había dicho lo mismo: Los sufrimientos de este tiempo no son dignos de compararse con la gloria venidera, que se manifestará en nosotros[18].

Sería una gran ganancia para nosotros soportar todos los tormentos de todos los mártires durante toda nuestra vida, para gozar un solo momento de la bienaventuranza del paraíso; ¡con qué prontitud, pues, debemos abrazar nuestras cruces, cuando sabemos que los sufrimientos de esta vida transitoria nos ganarán una bienaventuranza eterna! Lo que al presente es momentáneo y leve de nuestra tribulación, nos obra sobre medida un eterno peso de gloria[19]. San Agapito, cuando todavía era un muchacho, fue amenazado por el tirano con cubrirle la cabeza con un casco al rojo vivo, a lo que respondió: "¿Y qué mejor fortuna podría acontecerme, que perder mi cabeza aquí, para coronarla después en el cielo?". Esto hizo exclamar a San Francisco:

"Espero tal dicha, que todas mis penas parezcan felicidad."

Pero quien desea la corona del paraíso debe necesariamente combatir y sufrir: Si sufrimos, también reinaremos[20]. No podemos obtener recompensa sin mérito; y no se tiene mérito sin paciencia: No es coronado quien no se esfuerza legítimamente.[21] Y el que se esfuerza con mayor paciencia tendrá la mayor recompensa. ¡Maravilloso! Cuando se trata de los bienes temporales de este mundo, los mundanos se esfuerzan por procurarse cuanto pueden; pero cuando se trata de los bienes de la vida eterna, dicen: "¡Basta con que tengamos un rinconcito en el cielo!". Tal no es el lenguaje de los santos: se contentan con cualquier cosa en esta vida, es más, se despojan de todos los bienes terrenales; pero en cuanto a los bienes eternos, se esfuerzan por obtenerlos en la mayor medida posible. Yo preguntaría cuál de los dos actúa con más sabiduría y prudencia.

Pero incluso con respecto a la vida presente, es cierto que quien sufre con más paciencia disfruta de la mayor paz. Decía San Felipe Neri[22] que en este mundo no hay purgatorio; o todo es paraíso o todo es infierno: el que soporta pacientemente las tribulaciones goza de un paraíso; el que no lo hace, sufre un infierno. Sí, pues (como escribe Santa Teresa) el que abraza las cruces que Dios le envía no las siente. San Francisco de Sales, encontrándose en una ocasión acosado por todas partes con tribulaciones, dijo: "Desde hace algún tiempo las severas oposiciones y secretas contrariedades que me han sobrevenido me proporcionan una paz tan dulce, que nada puede igualarla; y me dan tal seguridad de que mi alma pronto estará firmemente unida a Dios, que puedo decir con toda verdad que son la única ambición, el único deseo de mi corazón. Y, en efecto, la paz no puede encontrarla nunca quien lleva una vida irregular, sino sólo quien vive en unión con Dios y con su bendita voluntad"[23]. Cierto misionero de una Orden religiosa, estando en las Indias, presenció un día la ejecución de un condenado a muerte, que ya estaba en el patíbulo: El criminal llamó al misionero y le dijo: "Usted debe saber, Padre, que una vez fui miembro de su Orden; mientras observé las reglas llevé una vida muy feliz; pero cuando, después, empecé a relajarme en la estricta observancia de ellas, inmediatamente experimenté dolor en todo; tanto, que abandoné la vida religiosa, y me entregué al vicio, que finalmente me ha reducido al melancólico paso en el que usted me contempla actualmente. " Y para concluir dijo: "Os digo esto, para que mi ejemplo sirva de advertencia a los demás." El Venerable Padre Luis da Ponte dijo: "Tomad las cosas dulces de esta vida por amargas, y las amargas por dulces; y así estaréis en el constante goce de la paz. Sí, porque aunque las dulces son agradables al sentido, invariablemente dejan tras de sí la amargura del remordimiento de conciencia, a causa de la imperfecta satisfacción que, en su mayor parte, proporcionan;

pero las amargas, cuando se toman con paciencia de la mano de Dios, se vuelven dulces, y queridas para las almas que le aman."

Convenzámonos de que en este valle de lágrimas no puede hallar verdadera paz el corazón, sino el que soporta y abraza amorosamente los sufrimientos para agradar a Dios Todopoderoso: ésta es la consecuencia de aquella corrupción en que todos se hallan por la infección del pecado. La condición de los santos en la tierra es sufrir y amar; la condición de los santos en el cielo es gozar y amar. El Padre Pablo Segneri el Joven, en una carta que escribió a una de sus penitentes para animarla a sufrir, le aconsejó que mantuviera inscritas estas palabras al pie de su crucifijo: "Así se ama". No es simplemente sufriendo, sino deseando sufrir por amor a Jesucristo, como un alma da las señales más seguras de amarle realmente. Y ¿qué mayor adquisición (decía Santa Teresa) que tener alguna señal de agradar a Dios Todopoderoso?[24] ¡Ay, cuán pronta está la mayor parte de los hombres a alarmarse con la sola mención de las cruces, de las humillaciones y de las aflicciones! Sin embargo, hay muchas almas que encuentran todo su deleite en el sufrimiento, y que estarían muy desconsoladas si pasaran su tiempo en esta tierra sin sufrir. La vista de Jesús crucificado (decía una persona devota) me hace tan hermosa la cruz, que me parece que nunca podría ser feliz sin sufrir; el amor de Jesucristo me basta para todo. Escucha cómo Jesús aconseja a todo el que quiera seguirle que tome y cargue con su cruz: Que tome su cruz y me siga[25]. Pero debemos tomarla y llevarla, no por obligación y contra nuestra voluntad, sino con humildad, paciencia y amor.

Oh, ¡cuán acepto es a Dios el que humilde y pacientemente abraza las cruces que le envía! San Ignacio de Loyola decía: "No hay madera tan apta para encender y mantener el amor hacia Dios como la madera de la cruz"; es decir, para amarle en medio de los sufrimientos. Un día Santa Gertrudis preguntó a nuestro Señor qué podía ofrecerle de más grato, y él le respondió: "Hija mía, nada puedes hacer más grato para mí que someterte pacientemente a todas las tribulaciones que te sobrevengan." Por lo cual la gran sierva de Dios Sor Victoria Angelini afirmaba que un día de crucifixión valía por cien años de todos los demás ejercicios espirituales. Y el Venerable Padre Juan de Ávila decía: "Un "bendito sea Dios" en las contrariedades vale más que mil acciones de gracias en la prosperidad." ¡Ay, qué poco saben los hombres del inestimable valor de las aflicciones soportadas por Dios! Decía la Beata Ángela de Foligno que "si conociéramos el justo valor de los sufrimientos por Dios, se convertirían en objeto de rapiña", lo cual es tanto como decir que cada uno buscaría la ocasión de robar a su prójimo las ocasiones de sufrir. Por esta razón, Santa María Magdalena de Pazzi, muy consciente como era del mérito de los sufrimientos, suspiró por ver prolongada su vida antes que morir e ir al Cielo, "porque", dijo, "en el Cielo no se puede sufrir más".

Un alma que ama a Dios no tiene otro fin que unirse enteramente a Él; pero aprendamos de Santa Catalina de Génova lo que es necesario hacer para llegar a esta perfecta unión: "Para llegar a la unión con Dios son indispensables las adversidades, porque con ellas Dios se propone destruir todas nuestras propensiones corruptas por dentro y por fuera. Y de aquí que todas las injurias, desprecios, enfermedades, abandono de parientes y amigos, confusiones, tentaciones y otras mortificaciones, todas nos son en sumo grado necesarias, a fin de que prosigamos la lucha, hasta que por repetidas victorias lleguemos a extinguir dentro de nosotros todos los movimientos viciosos, de modo que ya no se sientan; y nunca llegaremos a la unión divina hasta que las adversidades, en vez de parecernos amargas, se vuelvan todas dulces por amor de Dios."

Resulta, pues, que un alma que desea sinceramente pertenecer a Dios debe estar resuelta, como escribe San Juan de la Cruz [26], a no buscar goces en esta vida, sino a sufrir en todas las cosas; debe abrazar con ansia todas las mortificaciones voluntarias, y con mayor ansia aún las involuntarias, pues son las más gratas a Dios Todopoderoso.

El hombre paciente es mejor que el valiente[27]. Dios se complace en quien practica la mortificación con ayunos, cilicios y disciplinas, por el valor que demuestra en tales mortificaciones; pero se complace mucho más en quien tiene el valor de soportar con paciencia y alegría las cruces que le vienen de su divina mano. San Francisco de Sales decía: "Las mortificaciones que nos vienen de la mano de Dios, o de los hombres con su permiso, son siempre más preciosas que las que son fruto de nuestra propia voluntad; porque es regla general que donde hay menos elección nuestra, Dios se complace más, y nosotros mismos sacamos mayor provecho"[28] Lo mismo enseñaba Santa Teresa: "Ganamos más en un día con las oposiciones que nos vienen de Dios o del prójimo, que con diez años de mortificaciones autoinfligidas"[29]. "Por eso Santa María Magdalena de Pazzi hizo la generosa declaración de que no podría encontrarse en todo el mundo una aflicción tan severa, sino la que ella soportaría de buena gana con el pensamiento de que venía de Dios; y, de hecho, durante los cinco años de dura prueba que sufrió la santa, bastaba para devolver la paz a su alma recordar que era por voluntad de Dios por lo que sufría. ¡Ah, Dios, que el tesoro infinito se compra barato a cualquier precio! El Padre Hipólito Durazzo solía decir: "Comprad a Dios al precio que queráis, nunca puede ser caro".

Supliquemos, pues, a Dios que nos haga dignos de su amor; porque si una vez le amásemos perfectamente, todos los bienes de esta tierra no nos parecerían más que humo y suciedad, y saborearíamos las ignominias y las aflicciones como delicias. Oigamos lo que San Juan Crisóstomo dice de un alma enteramente entregada a Dios Todopoderoso: "El que ha alcanzado el perfecto amor de Dios parece estar solo en la tierra, ya no le importa ni la gloria ni la ignominia, desprecia las tentaciones y las aflicciones, pierde todo gusto y apetito por las cosas creadas. Y como nada en este mundo le proporciona apoyo o reposo, va incesantemente en busca de su amada sin sentirse nunca fatigado; de modo que cuando trabaja, cuando come, cuando vela o cuando duerme, en cada acción y palabra, todos sus pensamientos y deseos están fijos en encontrar a su amada; porque su corazón está donde está su tesoro"[nota].

Afectos y oraciones.

Mi querido y amado Jesús, mi tesoro, he merecido por mis ofensas que nunca más se me permita amarte; pero por tus méritos, te suplico, hazme digno de tu puro amor. Te amo sobre todas las cosas, y me arrepiento de todo corazón de haberte despreciado y alejado de mi alma; pero ahora te amo más que a mí mismo, te amo con todo mi corazón, ¡oh bien infinito! Te amo, Te amo, Te amo, y no tengo otro deseo que el de amarte perfectamente; ni otro temor que el de verme privado de Tu amor. ¡Oh mi amantísimo Redentor, hazme conocer cuán grande bien eres, y cuán grande es el amor que me has tenido para obligarme a amarte! ¡Ah, Dios mío, no permitas que siga viviendo sin tener en cuenta tanta bondad! Bastante te he ofendido, nunca más te dejaré; quiero emplear todo el resto de mis días en amarte y en agradarte. Jesús mío, amor mío, préstame tu ayuda, socorre a un pecador que desea amarte y ser todo tuyo.

Oh María, esperanza mía, tu Hijo te escucha; ruégale en mi favor y obtén para mí la gracia de amarle perfectamente.

En este capítulo hemos hablado de la paciencia en general; en el capítulo X trataremos más particularmente de las ocasiones en que hemos de practicar especialmente la paciencia.

LA CARIDAD ES AMABLE

EL QUE AMA A JESUCRISTO AMA LA MANSEDUMBRE

El espíritu de mansedumbre es peculiar de Dios: Mi espíritu es más dulce que la miel[1]. De ahí que un alma que ama a Dios ame también a todos aquellos a quienes Dios ama, es decir, a sus prójimos; de modo que busca afanosamente toda ocasión de ayudar a todos, de consolar a todos y de hacer felices a todos en la medida de sus posibilidades. San Francisco de Sales, que fue el maestro y modelo de la santa mansedumbre, dice: "La humilde mansedumbre es la virtud de las virtudes, que Dios tanto nos ha recomendado; por lo tanto, debemos esforzarnos por practicarla siempre y en todas las cosas"[2]. "De ahí que el santo nos dé esta regla: "Lo que veas que se puede hacer con amor, hazlo; y lo que veas que no se puede hacer sin ofensa, déjalo sin hacer"[3] Quiere decir, cuando se puede omitir sin ofender a Dios; porque una ofensa a Dios debe ser siempre, y lo más pronto posible, impedida por quien está obligado a impedirla.

Esta mansedumbre debe observarse especialmente con los pobres, que, a causa de su pobreza, suelen ser tratados con dureza por los hombres. Asimismo, debe practicarse especialmente con los enfermos que padecen dolencias y, en la mayoría de los casos, reciben poca ayuda de los demás. La mansedumbre debe observarse más especialmente en nuestro comportamiento hacia los enemigos: Vence el mal con el bien[4]. El odio debe ser vencido por el amor, y la persecución por la mansedumbre; así actuaron los santos, y así conciliaron los afectos de sus enemigos más exasperados.

"No hay nada", dice San Francisco de Sales, "que dé tanta edificación a nuestro prójimo como la mansedumbre de conducta"[5] El santo, por tanto, era visto generalmente sonriente, y con un semblante resplandeciente de caridad, que daba tono a todas sus palabras y acciones. Esto dio ocasión a San Vicente de Paúl [6] para declarar que no había conocido hombre más amable en su vida. Dijo además que le parecía que en su señorío de Sales había una verdadera semejanza con Jesucristo. Incluso cuando rechazaba lo que en conciencia no podía cumplir, lo hacía con tal dulzura, que todos, aunque sin éxito en sus peticiones, se iban satisfechos y bien dispuestos hacia él. Era gentil con todos, con los superiores, con los iguales y con los inferiores, en casa y fuera de ella; en contraste con algunos que, como decía el santo, "parecían ángeles fuera, pero eran demonios en casa"[7] Además, el santo, en su conducta con los sirvientes, nunca se quejaba de su negligencia; a lo sumo les daba una admonición, pero siempre en los términos más gentiles. Y esto es algo muy loable en los Superiores.

El Superior debe emplear toda la amabilidad para con los que están bajo sus órdenes. Cuando les diga lo que tienen que hacer, más bien debe pedir que mandar. San Vicente de Paúl decía: "Un Superior nunca encontrará mejor medio de ser obedecido que la mansedumbre". Y en el mismo sentido decía Santa Juana Francisca de Chantal: "He probado varios métodos para gobernar, pero no he encontrado ninguno mejor que el de la mansedumbre y la paciencia"[8].

Y más que esto, el Superior debe ser bondadoso incluso en la corrección de las faltas. Una cosa es corregir con firmeza y otra con dureza; a veces es necesario corregir con firmeza, cuando la falta es grave, y sobre todo si se repite después de que el sujeto ha sido ya amonestado de ella; pero estemos siempre en guardia contra la corrección dura y airada; el que corrige con ira hace más mal que bien. Este es el celo amargo reprobado por Santiago. Algunos se jactan de mantener en orden a su familia por medio de la severidad, y dicen que es el único método exitoso de tratamiento; pero Santiago no habla así: Pero si tienes celo amargo... no te glories[9]. Si en alguna rara ocasión es necesario decir una palabra dura, a fin de llevar al ofensor a un sentido apropiado de su falta, sin embargo, al final debemos invariablemente dejarlo con un semblante gentil y una palabra de amabilidad. Las heridas deben ser curadas al estilo del buen samaritano del Evangelio, con vino y aceite: "Pero como el aceite", dijo San Francisco de Sales, "siempre nada en la superficie de todos los otros licores, así la mansedumbre debe prevalecer sobre todas nuestras acciones." Y cuando ocurre que la persona bajo corrección está agitada, entonces la reprensión debe ser diferida hasta que su ira se haya calmado, o de lo contrario sólo aumentaremos su indignación. El canónigo regular San Juan dijo: "Cuando la casa está ardiendo, no hay que echar leña a las llamas".

No sabéis de qué espíritu sois[10]. Tales fueron las palabras de Jesucristo a sus discípulos Santiago y Juan, cuando querían hacer caer castigos sobre los samaritanos por haberlos expulsado de su país. Ah, les dijo el Señor, ¿y qué espíritu es éste? No es éste mi espíritu, que es dulce y suave; porque no he venido a destruir, sino a salvar almas: El Hijo del hombre no ha venido a destruir almas, sino a salvar[11]. ¿Y queréis inducirme a destruirlas? Oh, calla! y nunca me hagas una petición semejante, porque tal no es conforme a mi espíritu. Y, de hecho, ¡con qué mansedumbre trató Jesucristo a la adúltera! Mujer, dijo Él, ¿nadie te ha condenado? Yo tampoco te condenaré. Vete, y no peques más[12]. Se contentó con advertirle que no volviera a pecar y la despidió en paz. Con qué mansedumbre, de nuevo, buscó la conversión de la samaritana, y así, de hecho, la convirtió. Primero le pidió que le diera de beber; luego le dijo: Si supieras quién es el que te dice: ¡Dame de beber! y luego le reveló que era el Mesías esperado. Y, además, con qué mansedumbre se esforzó por convertir al impío Judas, admitiéndole a comer del mismo plato con él, lavándole los pies y amonestándole en el mismo acto de su traición: Judas, ¿así me traicionas con un beso? Judas, ¿con un beso traicionas al Hijo del hombre?[13] ¡Y mira cómo convirtió a Pedro después de negarle! Y el Señor, volviéndose, miró a Pedro[14]. Al salir de la casa del sumo sacerdote, sin hacerle un solo reproche, le lanzó una mirada de ternura, y así lo convirtió; y tan eficazmente lo convirtió, que durante toda su vida Pedro no cesó de lamentar la injuria que había hecho a su Maestro.

¡Oh, cuánto más se gana con la mansedumbre que con la dureza! San Francisco de Sales dijo que no hay nada más amargo que la almendra amarga, pero que si se convierte en conserva, se vuelve dulce y agradable: así las correcciones, aunque en su naturaleza son muy desagradables, se vuelven agradables por el amor y la mansedumbre, y por lo tanto van acompañadas de resultados más beneficiosos. San Vicente de Paúl dijo de sí mismo, que en el gobierno de su propia congregación nunca había corregido a nadie con severidad, excepto en tres ocasiones, cuando supuso que había razón para hacerlo, pero que lo lamentó siempre después, porque encontró que resultó mal; mientras que siempre había tenido un éxito admirable con la corrección suave[15].

San Francisco de Sales obtuvo de los demás lo que deseaba por su comportamiento manso; y por este medio logró ganar para Dios a los pecadores más endurecidos. Lo mismo sucedió con San Vicente de Paúl, que enseñó a sus discípulos esta máxima: "La afabilidad, el amor y la humildad tienen una maravillosa eficacia para ganar los corazones de los hombres, y para prevalecer sobre ellos para que emprendan las cosas más repugnantes a la naturaleza." Una vez confió a un gran pecador al cuidado de uno de sus Padres, para que lo llevara a sentimientos de verdadero arrepentimiento; pero aquel Padre, a pesar de todos sus esfuerzos, encontró infructuosa su labor, por lo que rogó al santo que le dirigiera una palabra. El santo habló con él y lo convirtió. Aquel pecador declaró después que la singular dulzura del padre Vicente había obrado en su corazón. Por eso, el santo no soportaba que sus misioneros tratasen a los pecadores con severidad, y les decía que el espíritu infernal se aprovechaba de la severidad de algunos para obrar la mayor ruina de las almas.

La bondad debe observarse siempre hacia todos en todas las ocasiones y. San Bernardo observa[16] que ciertas personas son bondadosas mientras las cosas caen a su gusto; pero apenas experimentan alguna oposición o contradicción, se encienden instantáneamente, como el mismo monte Vesubio. A éstos se les puede llamar carbones encendidos, pero ocultos bajo brasas. Quien quiera llegar a ser santo, debe, durante esta vida, asemejarse al lirio entre espinas, el cual, por mucho que sea pinchado por ellas, nunca deja de ser lirio; es decir, siempre es igualmente dulce y sereno. El alma que ama a Dios mantiene una imperturbable paz de corazón; y lo demuestra en su mismo semblante, siendo siempre dueña de sí misma, lo mismo en la prosperidad que en la adversidad, según los versos del Cardenal Petrucci:

"De las cosas externas él ve la apariencia variable,

mientras que en lo más profundo de su alma

está la imagen de Dios".

La adversidad saca a la luz el verdadero carácter de una persona. San Francisco de Sales amaba tiernamente a la Orden de la Visitación, que tanto trabajo le había costado. La vio varias veces en inminente peligro de disolución a causa de las persecuciones que sufría; pero el santo nunca perdió ni por un momento su paz, y estaba dispuesto, si tal era la voluntad de Dios, a verla enteramente destruida; y entonces fue cuando dijo: "Desde hace algún tiempo, las oposiciones y las contrariedades secretas que me han sobrevenido me proporcionan una paz tan dulce, que nada puede igualarla; y me dan tal esperanza de la unión inmediata de mi alma con Dios, que, en verdad, constituyen el único deseo de mi corazón"[17].

Siempre que tengamos que responder a alguien que nos insulta, procuremos hacerlo con mansedumbre: Una respuesta suave quiebra la ira[18]. Una respuesta suave basta para apagar toda chispa de ira. Y en caso de que nos sintamos irritados, es mejor callar, porque entonces parece justo dar rienda suelta a todo lo que sube a nuestros labios; pero cuando se haya calmado nuestra pasión, veremos que todas nuestras palabras estaban llenas de faltas.

Y cuando sucede que nosotros mismos cometemos alguna falta, también debemos practicar la mansedumbre con respecto a nosotros mismos. Exasperarnos contra nosotros mismos después de una falta no es humildad, sino un sutil orgullo, como si fuéramos otra cosa que lo débiles y miserables que somos. Santa Teresa decía: "La humildad que molesta no viene de Dios, sino del demonio"[19] Enojarse con nosotros mismos después de la comisión de una falta es una falta peor que la cometida, y será ocasión de otras muchas faltas; nos hará dejar nuestras devociones, oraciones y comuniones; o si las practicamos, se harán muy mal. San Luis Gonzaga decía que en aguas turbulentas no se ve, y que en ellas pesca el demonio. Un alma turbada sabe poco de Dios y de lo que debe hacer. Por eso, siempre que caigamos en alguna falta, acudamos a Dios con humildad y confianza, y pidiendo su perdón, digámosle, con Santa Catalina de Génova: "¡Oh Señor, éste es el producto de mi propio jardín! Te amo con todo mi corazón y me arrepiento del disgusto que te he causado. No volveré a hacer lo mismo: concédeme Tu asistencia".

Afectos y plegarias.

¡Oh benditas cadenas que unen el alma con Dios, oh, envuélveme aún más estrechamente, y con eslabones tan firmes que nunca pueda desprenderme del amor de mi Dios! Jesús mío, te amo; ¡oh tesoro, oh vida de mi alma, a Ti me aferro, y me entrego enteramente a Ti! No, en verdad, mi amado Señor, nunca más quiero dejar de amarte. Tú que, para expiar mis pecados, permitiste que te ataran como a un criminal y que te llevaran a la muerte por las calles de Jerusalén, Tú que consentiste en que te clavaran en la cruz y no la abandonaste hasta que la vida misma te abandonó, oh, permite que nunca más me separe de Ti; lamento, por encima de cualquier otro mal, haberte dado la espalda alguna vez, y en adelante me propongo, por tu gracia, morir antes que darte el menor disgusto. Oh Jesús mío, me abandono a Ti. Te amo con todo mi corazón; Te amo más que a mí mismo. Te he ofendido en tiempos pasados; pero ahora me arrepiento amargamente de ello, y de buena gana moriría de pena. Llévame enteramente hacia Ti. Renuncio a todo consuelo sensible; sólo Te deseo a Ti, y nada más. Haz que te ame y haz de mí lo que quieras. Oh María, esperanza mía, átame a Jesús, y concédeme vivir y morir unido a Él, para llegar un día al reino feliz, donde ya no temeré separarme jamás de su amor.

LA CARIDAD NO TIENE ENVIDIA

EL ALMA QUE AMA A JESUCRISTO NO ENVIDIA A LOS GRANDES DE ESTE MUNDO, SINO SÓLO A LOS QUE SON MAYORES AMANTES DE JESUCRISTO

San Gregorio explica esta siguiente característica de la caridad diciendo que, como la caridad desprecia toda grandeza terrena, no es posible que provoque su envidia. "No envidia, porque, como nada desea en este mundo, no puede envidiar la prosperidad terrena"[1].

Por tanto, hay que distinguir dos clases de envidia, una mala y otra santa. La mala es la que envidia y repugna los bienes terrenales que poseen los demás en esta tierra. Pero la envidia santa, lejos de desear ser semejante, más bien compadece a los grandes del mundo, que viven en medio de honores y placeres terrenales. Ella sólo busca y desea a Dios y no tiene otro fin que el de amarle cuanto pueda; y, por tanto, tiene una envidia piadosa de los que le aman más que ella, pues querría, si fuera posible, superar a los mismos serafines en amarle.

Este es el único fin que las almas piadosas tienen en vista en la tierra: un fin que encanta y embriaga de amor de tal modo el corazón de Dios, que le hace decir: Has herido mi corazón, hermana mía; esposa mía, has herido mi corazón con uno de tus ojos[2]. Por "uno de tus ojos" se entiende aquel único fin que el alma desposada tiene en todas sus devociones y pensamientos, a saber, agradar a Dios Todopoderoso. Los hombres del mundo miran las cosas con muchos ojos, es decir, tienen varias miras desordenadas en sus acciones; como, por ejemplo, agradar a los demás, llegar a ser honrados, obtener riquezas, y si no otra cosa, al menos agradarse a sí mismos; pero los santos no tienen más que un solo ojo, con el que tienen en vista, en todo lo que hacen, la sola complacencia de Dios; y con David dicen: ¿Qué tengo yo en los cielos, y además de Ti qué deseo en la tierra?[3] ¿Qué deseo, oh Dios mío, en este mundo o en el otro, sino sólo a Ti? Tú eres mi riqueza, Tú eres el único Señor de mi corazón. "Que los ricos -decía San Paulino- disfruten de sus riquezas, que los reyes disfruten de sus reinos, ¡Tú, oh Cristo, eres mi tesoro y mi reino!"[4].

Y aquí debemos observar que no sólo debemos realizar buenas obras, sino que debemos realizarlas bien. Para que nuestras obras sean buenas y perfectas, deben hacerse con el único fin de agradar a Dios. Esta fue la admirable alabanza concedida a Jesucristo: Muchas acciones pueden ser en sí mismas dignas de alabanza, pero, por haber sido realizadas con otro fin que el de la gloria de Dios, suelen tener poco o ningún valor a sus ojos. Santa María Magdalena de Pazzi decía: "Dios recompensa nuestras acciones por el peso de la pura intención"[6] Tanto como decir que, según sea pura nuestra intención, así acepta y recompensa el Señor nuestras acciones. Pero, oh Dios, ¡qué difícil es encontrar una acción hecha únicamente por Ti! Recuerdo a un santo anciano, religioso, que había trabajado mucho al servicio de Dios, y murió con fama de santidad; un día, al echar una mirada retrospectiva a su vida pasada, me dijo en tono de tristeza y temor: "¡Ay de mí! cuando considero todas las acciones de mi vida pasada, no encuentro una sola hecha enteramente por Dios". ¡Oh, este maldito amor propio, que nos hace perder todo o la mayor parte del fruto de nuestras buenas acciones! ¡Cuántos en sus más santos empleos, como predicar, oír confesiones, dar misiones, trabajan y se esfuerzan mucho, y ganan poco o nada, porque no miran sólo a Dios, sino al honor mundano, o al interés propio, o a la vanidad de aparentar, o al menos a su propia inclinación!

Nuestro Señor ha dicho: Mirad que no hagáis vuestra justicia delante de los hombres, para ser vistos de ellos; de otra manera no tendréis recompensa de vuestro Padre que está en los cielos[7] El que trabaja para su propia satisfacción, ya recibe su paga: En verdad os digo que ya han recibido su recompensa[8]. Pero una recompensa, en verdad, que se reduce a un poco de humo, o el placer de un día que rápidamente se desvanece, y no confiere ningún beneficio al alma. El profeta Aggeo dice que quien se esfuerza por otra cosa que no sea agradar a Dios, mete su recompensa en un saco lleno de agujeros que, cuando va a abrir, encuentra completamente vacío: Y el que ha ganado un salario, lo mete en un saco lleno de agujeros[9]. Y de ahí que tales personas, en el caso de que no consigan el objeto por el que emprendieron alguna empresa, se vean abocadas a grandes problemas. Esto es señal de que no tenían en vista únicamente la gloria de Dios. El que emprende una cosa únicamente para la gloria de Dios, no se turba en absoluto, aunque su empresa no tenga éxito; porque, en verdad, al obrar con una intención pura, ya ha conseguido su objeto, que era agradar a Dios Todopoderoso.

Las siguientes son las señales que indican si trabajamos únicamente para Dios en cualquier empresa espiritual. 1. Si no nos turba el fracaso de nuestros planes, porque cuando vemos que no es la voluntad de Dios, tampoco lo es ya la nuestra. 2. Si nos alegramos del bien hecho por otros, tan de corazón como si lo hubiéramos hecho nosotros mismos. 3. Si no tenemos preferencia por un cargo más que por otro, sino que aceptamos de buen grado lo que nos manda la obediencia a los Superiores. 4. Si después de nuestras acciones no buscamos el agradecimiento o la aprobación de los demás, ni nos afecta en modo alguno que se nos reproche o regañe, sino que nos contentamos con haber agradado a Dios. Y si cuando el mundo nos aplaude no nos envanecemos, sino que salimos al encuentro de la vana gloria, que podría hacerse sentir, con la respuesta del venerable Juan de Ávila: "Aléjate, que llegas tarde, pues todo se ha dado ya a Dios."

Esto es entrar en el gozo del Señor; es decir, gozar del gozo de Dios, como se promete a sus siervos fieles: Bien, siervo bueno y fiel; porque has sido fiel en lo poco, ... entra en el gozo de tu Señor"[10]. Y si nos toca en suerte hacer algo agradable a Dios, ¿qué más, se pregunta San Juan Crisóstomo, podemos desear? "Si eres hallado digno de hacer algo que agrada a Dios, ¿buscas otra recompensa que ésta?"[11] La mayor recompensa, la más brillante fortuna, que puede corresponder a una criatura, es dar placer a su Creador.

Y esto es lo que Jesucristo busca de un alma que le ama: Ponme, dice, como un sello en tu corazón, como un sello en tu brazo[12]. Quiere que le pongamos como un sello en nuestro corazón y en nuestro brazo: en nuestro corazón, para que todo lo que pretendamos hacer, lo pretendamos únicamente por amor de Dios; en nuestro brazo, para que todo lo que hagamos, lo hagamos para agradar a Dios; para que Dios sea siempre el único fin de todos nuestros pensamientos y de todas nuestras acciones. Santa Teresa decía que el que quisiera ser santo debía vivir libre de todo otro deseo que no fuera el de agradar a Dios; y su primera hija, la Venerable Beatriz de la Encarnación, decía: "Ninguna suma podría pagar la menor cosa hecha por Dios"[13] Y con razón; porque todas las cosas hechas por agradar a Dios son actos de caridad que nos unen a Dios, y nos obtienen recompensas eternas.

La pureza de intención se llama la alquimia celestial por la que el hierro se convierte en oro; es decir, las acciones más triviales (como trabajar, tomar las comidas, recrearse o descansar), cuando se hacen por Dios, se convierten en el oro del santo amor. Por eso, Santa María Magdalena de Pazzi cree con certeza que aquellos que hacen todo con una intención pura, van directamente al Paraíso, sin pasar por el purgatorio. Se cuenta (en el Tesoro Espiritual) que era costumbre de un piadoso ermitaño, antes de emprender cualquier trabajo, detenerse un poco y levantar los ojos al cielo; al preguntársele por qué lo hacía, respondía: "Estoy apuntando". Con esto quería decir que, así como el arquero, antes de disparar su flecha, apunta para no errar el blanco, así él, antes de cada acción, apuntaba a Dios, para estar seguro de agradarle. Nosotros debemos hacer lo mismo; e incluso durante la realización de nuestras acciones, es muy bueno que de vez en cuando renovemos nuestra buena intención.

Los que en sus empresas no tienen en vista otra cosa que la voluntad divina, gozan de aquella santa libertad de espíritu que pertenece a los hijos de Dios; y esto les permite abrazar todo lo que agrada a Jesucristo, por repugnante que sea a su propio amor propio o al respeto humano. El amor de Jesucristo establece a sus amantes en un estado de total indiferencia; de modo que todo es lo mismo para ellos, sea dulce o amargo; no desean nada para su propio placer, sino todo para el placer de Dios. Con los mismos sentimientos de paz, se ocupan de las pequeñas y de las grandes obras; de lo agradable y de lo desagradable: les basta con que agraden a Dios.

Muchos, por otra parte, están dispuestos a servir a Dios, pero debe ser en tal empleo, en tal lugar, con tales compañeros, o bajo tales circunstancias, o bien abandonan el trabajo, o lo hacen con mala voluntad. Tales personas no tienen libertad de espíritu, sino que son esclavas del amor propio; y por eso ganan muy poco mérito con lo que hacen; llevan una vida atribulada, porque el yugo de Jesucristo se convierte en una carga para ellas. Los verdaderos amantes de Jesucristo sólo se preocupan de hacer lo que a Él le agrada; y por la razón de que le agrada, cuando Él quiere, y donde Él quiere, y de la manera que Él quiere: y si Él quiere emplearlos en un estado de vida honrado por el mundo, o en una vida de oscuridad e insignificancia. Esto es lo que significa amar a Jesucristo con un amor puro; y en esto debemos ejercitarnos, luchando contra el ansia de nuestro amor propio, que nos impulsaría a buscar funciones importantes y honrosas, y que se adapten a nuestras inclinaciones.

Debemos, además, desprendernos de todos los ejercicios, aun espirituales, cuando el Señor quiera que nos ocupemos en otras obras de su beneplácito. Un día, el padre Álvarez, hallándose abrumado de negocios, ansiaba librarse de ellos, para ir a orar, porque le parecía que durante aquel tiempo no estaba con Dios; pero nuestro Señor le dijo entonces: "Esta es una provechosa lección para los que a veces se turban al verse obligados, por obediencia o por caridad, a dejar sus acostumbradas devociones; que estén seguros de que tales turbaciones en ocasiones semejantes no proceden de Dios, sino del demonio o del amor propio. "Da gusto a Dios y muere". Esta es la gran máxima de los santos.

Afectos y oraciones.

Oh mi Eterno Dios, te ofrezco todo mi corazón; pero ¿qué clase de corazón, oh Dios, es el que te ofrezco? Un corazón, creado, ciertamente, para amarte; pero que, en vez de amarte, se ha rebelado tantas veces contra Ti. Pero he aquí, Jesús mío, que si hubo un tiempo en que mi corazón se rebeló contra Ti, ahora está profundamente afligido y arrepentido por el disgusto que Te ha dado. Sí, mi querido Redentor, me arrepiento de haberte despreciado, y estoy decidido a hacer todo lo posible por obedecerte y amarte a toda costa. Oh, atráeme enteramente a tu amor; hazlo por el amor que te hizo morir por mí en la cruz. Te amo, Jesús mío; Te amo con toda mi alma; Te amo más que a mí mismo, oh verdadero y único amante de mi alma; porque no encuentro a nadie más que a Ti que haya sacrificado su vida por mí. Lloro al pensar que he sido tan ingrato contigo. ¡Infeliz de mí! Ya estaba perdido; pero confío en que por Tu gracia me has devuelto la vida. Y esta será mi vida, amarte siempre, mi soberano bien. Hazme amarte, oh amor infinito, y no te pido nada más.

Oh María, Madre mía, acógeme por siervo tuyo, y gáname la aceptación de Jesús, tu Hijo.

LA CARIDAD NO ES PERVERSA

EL QUE AMA A JESUCRISTO EVITA LA TIBIEZA Y BUSCA LA PERFECCIÓN; CUYOS MEDIOS SON: 1. 1. DESEO; 2. RESOLUCIÓN; 3. ORACIÓN MENTAL; 4. COMUNIÓN; 5. ORACIÓN.

San Gregorio, en su explicación de estas palabras "no obra perversamente", dice que la caridad, entregándose cada vez más al amor de Dios, ignora todo lo que no es recto y santo[1]. Ya el Apóstol había escrito en el mismo sentido, cuando llama a la caridad vínculo que une en el alma las virtudes más perfectas. Tened caridad, que es el vínculo de la perfección[2]; y como la caridad se deleita en la perfección, aborrece, por consiguiente, esa tibieza con que algunas personas sirven a Dios, con gran riesgo de perder la caridad, la gracia divina, su misma alma y su todo.

I.

La tibieza.

Obsérvese que hay dos clases de tibieza: la una inevitable, la otra evitable.

I.-De la tibieza que es inevitable, no están exentos los mismos santos; y ésta comprende todas las faltas que cometemos sin plena convicción, sino meramente por nuestra natural fragilidad. Tales son, por ejemplo, las distracciones en las oraciones, las inquietudes interiores, las palabras inútiles, la vana curiosidad, el deseo de aparentar, los gustos en el comer y beber, los movimientos de concupiscencia no reprimidos instantáneamente, y otros semejantes. Debemos evitar estos defectos tanto como nos sea posible; pero, debido a la debilidad de nuestra naturaleza, causada por la infección del pecado, es imposible evitarlos por completo. Debemos, en efecto, detestarlos después de haberlos cometido, porque son desagradables a Dios; pero, como hemos observado en el capítulo precedente, debemos guardarnos de hacer de ellos un motivo de alarma o inquietud. San Francisco de Sales escribe lo siguiente: "Todos los pensamientos que crean inquietud no vienen de Dios, que es el príncipe de la paz, sino que proceden siempre del demonio, o del amor propio, o de la buena opinión que tenemos de nosotros mismos"[3].

Decía también el mismo santo, a propósito de las faltas indeliberadas, que así como fueron cometidas involuntariamente, así son canceladas involuntariamente. Basta un acto de dolor, un acto de amor, para cancelarlas. La Venerable Hermana María Crucificada, monja benedictina, vio una vez un globo de fuego, sobre el cual se arrojaron varias pajas, y todas quedaron inmediatamente reducidas a cenizas. Esta figura le dio a entender que un acto de amor divino, hecho con fervor, destruye todos los defectos que podamos tener en el alma. El mismo efecto produce la sagrada Comunión; según lo que encontramos en el Concilio de Trento, donde se llama a la Eucaristía "antídoto por el cual nos libramos de las faltas cotidianas"[4] Así, las faltas semejantes, aunque sean ciertamente faltas, no impiden la perfección, es decir, nuestro avance hacia la perfección; porque en la vida presente nadie alcanza la perfección antes de llegar al reino de los bienaventurados.

II. La tibieza, pues, que impide la perfección es la que se puede evitar cuando se cometen deliberadamente faltas veniales; porque todas estas faltas cometidas con los ojos abiertos pueden ser evitadas eficazmente por la gracia divina, aun en la vida presente. Por eso decía Santa Teresa: "Dios te libre del pecado deliberado, por pequeño que sea"[5]. Tales son, por ejemplo, las falsedades voluntarias, las pequeñas detracciones, las imprecaciones, las expresiones de ira, las burlas al prójimo, las palabras cortantes, los discursos de amor propio, las animosidades alimentadas en el corazón, los apegos desmedidos a personas de distinto sexo. "Estos son una especie de gusanos" (escribió el mismo santo) "que no se detectan antes de que hayan devorado las virtudes"[6] De ahí que, en otro lugar, el santo diera esta admonición: "Por medio de las cosas pequeñas anda el demonio haciendo agujeros por donde puedan entrar las grandes"[7].

Debemos, pues, temblar ante tales faltas deliberadas, porque hacen que Dios cierre sus manos para no concedernos sus luces más claras y sus ayudas más fuertes, y nos privan de la dulzura espiritual; y el resultado de ellas es hacer que el alma realice todos los ejercicios espirituales con gran cansancio y dolor; y así, con el tiempo, empieza a dejar la oración, las Comuniones, las visitas al Santísimo Sacramento y las novenas; y, en fin, probablemente dejará todo, como no pocas veces ha sucedido a muchas almas infelices.

Este es el sentido de la amenaza que Nuestro Señor hace a los tibios: No eres frío ni caliente; ojalá fueras frío o caliente; pero como eres tibio... empezaré a vomitarte de mi boca[8] ¡Qué maravilla! Él dice: ¡Quisiera que fueras frío! ¿Y es mejor estar frío, es decir, privado de la gracia, que estar tibio? Sí, en cierto sentido es mejor ser frío; porque una persona que es fría puede cambiar más fácilmente su vida, siendo aguijoneada por los reproches de la conciencia; mientras que una persona tibia contrae el hábito de dormitar en sus faltas, sin conceder un pensamiento, ni tomarse la molestia de corregirse; y así hace su cura, por así decirlo, desesperada. San Gregorio dice: "La tibieza, que se ha enfriado del fervor, es un estado sin remedio"[9] El Venerable Padre Luis da Ponte decía que había cometido muchos defectos durante su vida; pero que nunca había hecho tregua con sus faltas. Hay quien da la mano a sus faltas, y de ahí nace su ruina; especialmente cuando la falta va acompañada de algún apego apasionado de amor propio, de ambición, de gusto por ser visto, de amontonamiento de dinero, de resentimiento contra un vecino, o de afecto desmedido por un hijo de distinto sexo. En tales casos hay gran peligro de que esos pelos, por así decirlo, se conviertan en cadenas, como decía San Francisco de Asís, que arrastrarán el alma al infierno. En todo caso, tal alma nunca llegará a ser santa, y perderá esa hermosa corona, que Dios había preparado para ella, si hubiera correspondido fielmente a la gracia. Tan pronto como el pájaro se siente libre del lazo, vuela inmediatamente; el alma, tan pronto como se libera de las ataduras terrenas, vuela inmediatamente hacia Dios; pero mientras está atada, aunque sólo sea por el más mínimo hilo, es suficiente para impedirle volar hacia Dios. ¡Oh, cuántas personas espirituales hay que no llegan a ser santas, porque no se hacen la violencia de desprenderse de ciertos pequeños apegos!

Todo el mal surge del poco amor que tienen a Jesucristo. Los que están hinchados de amor propio; los que se toman a pecho con frecuencia los sucesos que ocurren en contra de sus deseos; los que practican una gran indulgencia consigo mismos a causa de su salud; que mantienen su corazón abierto a los objetos externos, y la mente siempre distraída, con un afán de escuchar y saber tantas cosas que no tienen nada que ver con el servicio de Dios, sino que sólo sirven para gratificar la curiosidad privada; que están dispuestos a resentir cualquier pequeña falta de atención de los demás, y por lo tanto a menudo se preocupan, y se vuelven negligentes en la oración y el recogimiento. Un momento son todo devoción y alegría, y al siguiente todo impaciencia y melancolía, según sucedan las cosas, de acuerdo con su humor o en contra de él; todas esas personas no aman a Jesucristo, o lo aman muy poco, y desacreditan la verdadera devoción.

Pero supongamos que alguien se encuentre hundido en este infeliz estado de tibieza, ¿qué tiene que hacer? Ciertamente, es una cosa difícil para un alma que se ha vuelto tibia reanudar su antiguo fervor; pero nuestro Señor ha dicho, que lo que el hombre no puede hacer, Dios puede muy bien hacerlo. Las cosas que son imposibles para el hombre, son posibles para Dios[10]. Quien ora y emplea los medios, está seguro de cumplir su deseo.

II.

Remedios contra la tibieza.

Los medios para desechar la tibieza y seguir el camino de la perfección son cinco: 1. El deseo de la perfección; 2. La resolución de alcanzarla; 3. La oración mental; 4. La comunión frecuente; 5. La oración.

1. Deseo de perfección.

El primer medio es, pues, el deseo de perfección. Los deseos piadosos son las alas que nos elevan de la tierra; porque, como dice san Lorenzo Justiniano, el deseo "da fuerzas y aligera las penas"[11]: por una parte da fuerzas para caminar hacia la perfección, y por otra aligera las fatigas del camino. El que tiene un verdadero deseo de perfección no deja de avanzar continuamente hacia ella; y avanzando así, ha de llegar finalmente a ella. Por el contrario, quien no tiene el deseo de la perfección retrocederá siempre, y se encontrará siempre más imperfecto que antes. San Agustín dice que "no avanzar en el camino de Dios es retroceder"[12] El que no se esfuerza por avanzar se verá arrastrado hacia atrás por la corriente de su naturaleza corrupta.

Cometen, pues, un gran error los que dicen que "Dios no quiere que todos seamos santos". Dios quiere que todos sean santos, y cada uno según su estado de vida: el religioso como religioso; el seglar como seglar; el sacerdote como sacerdote; el casado como casado;

el hombre de negocios como hombre de negocios; el soldado como soldado; y así todos los demás estados de vida.

Muy hermosas son, en efecto, las instrucciones que mi gran patrona Santa Teresa da sobre este tema. En un lugar dice: "Ensanchemos nuestros pensamientos, porque de ellos sacaremos inmenso bien". En otro lugar dice: "Guardémonos de tener pobres deseos; antes pongamos nuestra confianza en Dios, para que, forzándonos continuamente adelante, lleguemos poco a poco adonde, por la gracia divina, han llegado tantos santos"[14] Y en confirmación de esto cita su propia experiencia, habiendo conocido cómo las almas valerosas hacen considerables progresos en poco tiempo. "Porque", dijo ella, "el Señor se complace tanto en nuestros deseos, como si se pusieran en ejecución". En otro lugar dice: "Dios todopoderoso no concede favores extraordinarios, sino cuando su amor ha sido buscado con fervor",[15] y en otro pasaje observa: "Dios no deja de recompensar todo buen deseo ni siquiera en esta vida,[16] pues es amigo de las almas generosas, con tal que no confíen en sí mismas". "Esta misma santa estaba dotada de tal espíritu de generosidad, que una vez llegó a decir a nuestro Señor que si viera a otros en el paraíso disfrutando de él más que ella misma, no le importaría; pero si viera a alguien amándole más de lo que ella le amaba, declaró que no sabía cómo podría soportarlo[18].

Debemos, pues, tener un gran valor: El Señor es bueno con el alma que lo busca[19]. Dios es sumamente bueno y generoso con el alma que lo busca de corazón. Tampoco los pecados pasados pueden ser un obstáculo para que nos hagamos santos, si sólo tenemos el deseo sincero de serlo. Santa Teresa dice: "El demonio se esfuerza en hacernos creer que es soberbia la altivez de los deseos y el querer imitar a los santos; pero es de gran provecho animarnos con el deseo de las cosas grandes, porque, aunque el alma no tiene de una vez las fuerzas necesarias, con todo lucha con denuedo y avanza rápidamente"[20].

El Apóstol escribe: A los que aman a Dios, todas las cosas les ayudan a bien"[21] Y la glosa o comentario antiguo añade "incluso los pecados"[22]; incluso los pecados pasados pueden contribuir a nuestra santificación, en la medida en que el recuerdo de ellos nos mantiene más humildes y más agradecidos cuando somos testigos de los favores que Dios nos prodiga, después de todos nuestros ultrajes contra él. No soy capaz de nada (debería decir el pecador), ni merezco nada; no merezco otra cosa que el infierno; pero debo tratar con un Dios de infinita bondad, que ha prometido escuchar a todos los que le rezan. Ahora bien, como me ha rescatado de un estado de condenación, y desea que me santifique, y ahora me ofrece su ayuda, ciertamente puedo llegar a ser santo, no por mis propias fuerzas, sino por la gracia de mi Dios, que me fortalece: todo lo puedo en Aquel que me fortalece. [23] Por tanto, cuando alguna vez tengamos buenos deseos, debemos animarnos y, confiando en Dios, esforzarnos por llevarlos a cabo; pero si después encontramos algún obstáculo en nuestras empresas espirituales, descansemos tranquilamente en la voluntad de Dios. La voluntad de Dios debe ser preferida a todo buen deseo propio. Santa María Magdalena de Pazzi antes hubiera permanecido vacía de toda perfección que poseerla sin la voluntad de Dios.

2. La resolución.

El segundo medio de perfección es la resolución de pertenecer enteramente a Dios. Muchos son llamados a la perfección; son impulsados hacia ella por la gracia, conciben el deseo de alcanzarla; pero como nunca se resuelven realmente a adquirirla, viven y mueren en el mal olor de su vida tibia e imperfecta. El deseo de la perfección no basta si no va seguido de la firme resolución de alcanzarla. ¡Cuántas almas se alimentan sólo de deseos, pero nunca dan un paso en el camino de Dios! De tales deseos habla el sabio cuando dice: El hombre perezoso está siempre deseando, pero nunca se resuelve a tomar los medios adecuados a su estado de vida para llegar a ser santo. Dice: "¡Oh, si estuviera en la soledad y no en esta casa! Si pudiera ir a vivir a otro monasterio, me entregaría enteramente a Dios". Y mientras tanto no puede sostener a cierto compañero; no puede soportar una palabra de contradicción; se disipa en muchas preocupaciones inútiles; comete mil faltas de glotonería de curiosidad, y de orgullo; y sin embargo suspira al viento: "¡Oh, si no tuviera!" o "¡Oh, si no pudiera!", etc. Tales deseos hacen más mal que bien; porque algunos se regodean en ellos, y mientras tanto siguen llevando una vida de imperfección. Era un dicho de San Francisco de Sales: "No apruebo que una persona, estando ocupada en algún deber o vocación, se detenga a suspirar por otro género de vida que no sea compatible con su posición actual, o por otros ejercicios inadecuados para su estado presente; porque sólo sirve para disipar su corazón, y le hace languidecer en sus deberes necesarios"[25].

Debemos, pues, desear la perfección, y tomar resueltamente los medios para alcanzarla. Santa Teresa dice: "Dios sólo espera una resolución de nuestra parte, y él mismo hará después todo lo demás:[26] el demonio no teme a las almas irresolutas"[27] Por eso hay que usar la oración mental, para tomar los medios que, conducen a la perfección. Algunos rezan mucho, pero nunca llegan a una conclusión práctica. El mismo santo decía: "Prefiero una oración breve, que produzca grandes frutos, que una oración de muchos años, en la que un alma nunca llega más lejos que a resolverse a hacer algo digno de Dios

Todopoderoso"[28] Y en otra parte dice: "He aprendido por experiencia que quien, al principio, se propone hacer alguna gran obra, por difícil que sea, si lo hace para agradar a Dios, no tiene por qué temer"[29].

La primera resolución debe ser hacer todo esfuerzo, y morir antes que cometer cualquier pecado deliberado, por pequeño que sea. Es verdad que todos nuestros esfuerzos, sin el auxilio divino, no pueden capacitarnos para vencer las tentaciones; pero Dios desea de nuestra parte que usemos con frecuencia de esta violencia con nosotros mismos, porque entonces nos suplirá después con su gracia, socorrerá nuestra debilidad y nos capacitará para obtener la victoria. Esta resolución nos quita todo obstáculo para seguir adelante, y al mismo tiempo nos da gran valor, porque nos da la seguridad de estar en gracia de Dios. San Francisco de Sales escribe: "La mejor seguridad que podemos poseer en este mundo de estar en gracia de Dios, no consiste ciertamente en sentir que tenemos su amor, sino en un puro e irrevocable abandono de todo nuestro ser en sus manos, y en la firme resolución de no consentir jamás ningún pecado, ni grande ni pequeño"[29] Esto es lo que se entiende por tener una conciencia delicada. Obsérvese que una cosa es ser de conciencia delicada y otra ser de conciencia escrupulosa. Ser de conciencia delicada es requisito para llegar a ser santo; pero ser escrupuloso es un defecto y hace daño; y por esta razón debemos obedecer a nuestros directores, y elevarnos por encima de los escrúpulos, que no son otra cosa que alarmas vanas e irrazonables.

Por eso es necesario resolverse a elegir lo mejor, no sólo lo que es agradable a Dios, sino lo que más le agrada, sin reserva alguna. San Francisco de Sales dice: "Debemos comenzar con una resolución fuerte y constante de entregarnos enteramente a Dios, y protestarle que para el futuro deseamos ser suyos sin ninguna Reserva, y después debemos renovar a menudo esta misma resolución"[30] San Andrés Avellini hizo voto de avanzar diariamente en la perfección. No es necesario que todo el que desee llegar a ser santo haga de ello cuestión de voto; pero debe esforzarse cada día por dar algunos pasos adelante en la perfección. San Lorenzo Justiniano ha escrito: "Cuando una persona se abre realmente camino, siente en sí misma un continuo deseo de avanzar; y cuanto más mejora en la perfección, tanto más aumenta este deseo; porque a medida que su luz interior aumenta cada día más y más, se parece a sí misma que siempre le falta alguna virtud, y que no hace ningún bien; y si, por casualidad, es consciente de algún bien que hace, siempre le parece muy imperfecto, y lo tiene poco en cuenta. La consecuencia es que está continuamente trabajando para adquirir la perfección sin sentirse nunca cansado".

Y debemos comenzar rápidamente, y no esperar al día siguiente. ¡Quién sabe si después tendremos tiempo o no! El Eclesiastés nos aconseja: *Todo lo que pueda hacer tu mano, hazlo con empeño.*[31] Lo que puedas hacer, hazlo pronto, y no lo aplaces; y aduce la razón de por qué: *Porque ni el trabajo, ni la razón, ni la sabiduría, ni la ciencia estarán en el infierno, adonde te apresuras*[32]. Porque en la otra vida ya no hay tiempo para trabajar, ni libre albedrío para merecer, ni prudencia para obrar bien, ni sabiduría o experiencia para tomar buen consejo, pues después de la muerte lo hecho, hecho está.

Una monja del convento de Torre de Specchi, en Roma, que se llamaba sor Buenaventura, llevaba una vida muy tibia. Vino un religioso, el padre Lancio, a dar los ejercicios espirituales a las monjas, y sor Buenaventura, no sintiendo ninguna inclinación a sacudirse su tibieza, comenzó a escuchar los ejercicios sin buena voluntad. Pero al primer sermón fue ganada por la gracia divina, de modo que inmediatamente se puso a los pies del Padre que predicaba, y le dijo, con un tono de verdadera determinación: "Padre, quiero hacerme santa, y pronto santa." Y, por la asistencia de Dios, así lo hizo; pues sólo vivió ocho meses después de aquel suceso, y durante ese corto tiempo vivió y murió como santa.

David dijo: *Y dije: ahora he comenzado*"[33] Así exclamó también San Carlos Borromeo: "Hoy comienzo a servir a Dios". Y debemos obrar de la misma manera que si hasta ahora no hubiéramos hecho bien alguno; porque, en efecto, todo lo que hacemos por Dios no es nada, ya que estamos obligados a hacerlo. Resolvámonos, pues, cada día a comenzar de nuevo a pertenecer enteramente a Dios. Tampoco nos detengamos a observar qué o cómo hacen los demás. Son pocos los que llegan a ser verdaderamente santos. San Bernardo dice: "No se puede ser perfecto sin ser singular"[34] Si quisiéramos imitar la común carrera de los hombres, deberíamos permanecer siempre imperfectos, como en su mayor parte lo son ellos. Debemos superarlo todo, renunciar a todo, para ganarlo todo. Santa Teresa decía: "Porque no llegamos a dar todo nuestro afecto a Dios, así tampoco él nos da todo su amor"[35] ¡Oh, Dios, qué poco es todo lo que se da a Jesucristo, que ha dado su sangre y su vida por nosotros! "Por mucho que demos -dice el mismo santo-, no es más que basura, en comparación de una sola gota de la sangre que derramó por nosotros nuestro Santísimo Señor"[36] Los santos no saben escatimar, cuando se trata de agradar a un Dios que se dio por entero, sin reservas, con el propósito de obligarnos a no negarle nada. San Juan Crisóstomo escribió: "Te lo dio todo y no se guardó nada"[37] Dios se ha entregado por entero a ti; no hay, pues, excusa para que te comportes reservadamente con Dios. Incluso ha muerto por todos nosotros, dice el Apóstol, para que cada uno de nosotros viva sólo para el que murió por nosotros: Cristo murió por todos, para que también los que viven no vivan ahora para sí mismos, sino para el que murió por ellos[38].

3. Oración mental.

El tercer medio para llegar a ser santo es la oración mental. Juan Gerson escribe:[39] "Que quien no medita en las verdades eternas no puede, sin un milagro, llevar la vida de un cristiano. La razón es, porque sin la oración mental la luz nos falla, y caminamos en la oscuridad. Las verdades de la fe no se ven con los ojos del cuerpo, sino con los de la mente, cuando meditamos; el que no medita en ellas, no las ve, y por eso anda en tinieblas; y estando en tinieblas, se apega fácilmente a las cosas sensibles, por cuya causa llega luego a despreciar las eternas." Santa Teresa escribía así al obispo de Osma: "Aunque parezca que no descubrimos en nosotros ninguna imperfección; sin embargo, cuando Dios abre los ojos del alma, lo que acostumbra hacer en la oración, entonces aparecen claramente"[40] Y San Bernardo había dicho antes que quien no medita "no se aborrece a sí mismo, sólo porque no se conoce"[41]. "La oración -dice el santo- regula los afectos, dirige las acciones"[42], mantiene en orden los afectos del alma y dirige a Dios todas nuestras acciones; pero sin oración los afectos se apegan a la tierra, las acciones se conforman a los afectos, y así todo se desordena.

En la vida de la Venerable Hermana María Crucificada de Sicilia leemos un terrible ejemplo de esto. Mientras esta sierva de Dios rezaba, oyó a un demonio que se jactaba de haber conseguido apartar a una religiosa de la oración comunitaria; y vio en espíritu que, después de esta omisión, el demonio la tentaba a consentir en un pecado grave, y que estaba a punto de ceder. Inmediatamente la abordó, y con una oportuna admonición evitó que cayera. El abate Dioclès decía que quien deja de rezar "se convierte muy pronto en una bestia o en un demonio"[43].

El que deja la oración, dejará de amar a Jesucristo. La oración es el horno bendito en el que se enciende y se mantiene vivo el fuego del santo amor: Y en mi meditación arderá un fuego"[44] Decía Santa Catalina de Bolonia: "Quien renuncia a la práctica de la oración, corta la cuerda que une el alma a Dios"[45]. De donde se sigue que el demonio, encontrando al alma fría en el amor divino, tendrá poca dificultad en inducirla a participar de algún que otro fruto venenoso. Santa Teresa decía, por el contrario: "Quien perseverare en la oración, tenga por cierto que, por muchos pecados que el demonio le rodee, el Señor acabará por llevarle al puerto de la salvación"[45]. En otro lugar dice: "Quien no se detiene en el camino de la oración, tarde o temprano llega";[46] y en otro lugar escribe: "que por esto el demonio se afana tanto en apartar a las almas de la oración, porque bien sabe que ha dejado de ganar a los que perseveran fielmente en ella". ¡Oh, cuán grandes son los beneficios que se derivan de la oración! En la oración concebimos pensamientos santos, practicamos afectos devotos, excitamos grandes deseos y formamos propósitos eficaces de entregarnos enteramente a Dios; y así, el alma es inducida por Él a sacrificar los placeres terrenos y todos los apetitos desordenados. Decía San Luis Gonzaga: "Nunca habrá mucha perfección sin mucha oración". El que anhela la perfección, fíjese bien en este notable dicho del santo.

No debemos ir a la oración para saborear la dulzura del amor divino; quien reza por tal motivo perderá su tiempo, o al menos sacará poco provecho de ello. Una persona debe comenzar a orar únicamente para agradar a Dios, es decir, únicamente para aprender cuál es la voluntad de Dios respecto a ella, y para pedirle ayuda para ponerla en práctica. El Venerable Padre Antonio Torres decía: "Llevar la cruz sin consuelo hace que las almas vuelen a la perfección. La oración sin consuelos sensibles confiere mayor fruto al alma. Pero lastimosa es la pobre alma que deja la oración, porque no encuentra gusto en ella." Santa Teresa decía: "Cuando un alma deja la oración, es como si se arrojase al infierno sin necesidad de diablos"[47].

Resulta, también, de la práctica de la oración, que una persona piensa constantemente en Dios. "El verdadero amante" (dice Santa Teresa) "tiene siempre presente al amado. Y de aquí resulta que los orantes hablan siempre de Dios, sabiendo cuán grato es a Dios que sus amadores se deleiten en hablar de Él y del amor que les tiene, y que así procuren encenderlo en los demás"[48] La misma Santa escribió: "Jesucristo se halla siempre presente en las conversaciones de los siervos de Dios, y se complace mucho en ser objeto de sus delicias"[49].

La oración, además, crea el deseo de retirarse a la soledad, para conversar a solas con Dios, y mantener el recogimiento interior en el cumplimiento de los deberes externos necesarios; digo necesarios, como la administración de la propia familia, o el cumplimiento de los deberes que nos exige la obediencia; porque el orante debe amar la soledad, y evitar el dispendio en asuntos superfluos e inútiles, pues de lo contrario perderá el espíritu de recogimiento, que es un gran medio de conservar la unión con Dios: Hermana mía, mi esposa es un jardín cerrado[50] El alma desposada con Jesucristo debe ser un jardín cerrado a todas las criaturas, y no debe admitir en su corazón otros pensamientos, ni otros negocios, sino los de Dios o para Dios. Los corazones abiertos nunca llegan a ser santos.

Los santos, que tienen que trabajar para ganar almas para Dios, no pierden el recogimiento en medio de todos sus trabajos, ya sea de predicación, de confesión, de reconciliación de los enemigos o de asistencia a los enfermos. La misma regla vale para los que tienen que aplicarse al estudio. Cuántos, por exceso de estudio y deseo de llegar a ser doctos, no llegan a ser ni santos ni doctos, porque la verdadera ciencia consiste en la ciencia de los santos, es decir, en saber amar a Jesucristo; mientras que, por el contrario, el amor divino trae consigo la ciencia y todo bien: Todos los bienes me vinieron juntamente con ella[51], es decir, con la santa caridad. El Venerable Juan Berchmans tenía un amor extraordinario por el estudio, pero por su gran virtud nunca permitió que el estudio interfiriera con sus intereses espirituales. El Apóstol nos exhorta: No ser más sabios de lo que conviene, sino ser sabios hasta la sobriedad[52]. Especialmente un sacerdote debe tener conocimientos; debe saber cosas, porque tiene que instruir a los demás en la ley divina: Porque los labios del sacerdote guardarán la ciencia, y por su boca buscarán la ley[53] Debe tener ciencia, pero hasta la sobriedad. El que deja la oración por el estudio demuestra que en su estudio se busca a sí mismo, y no a Dios. El que busca a Dios deja el estudio (si no es necesario), para no omitir la oración.

Además, el mayor mal es que sin oración mental no oramos en absoluto. He hablado con frecuencia en mis obras espirituales de la necesidad de la oración, y más especialmente en un pequeño volumen titulado Sobre la oración, el gran medio, etc.; y en el presente capítulo diré también brevemente algunas otras cosas. Bastará, pues, citar aquí la opinión del Venerable Palafox, Obispo de Osma, en sus observaciones sobre las cartas de Santa Teresa: "¿Cómo puede durar la caridad, si Dios no nos concede la perseverancia? ¿Cómo nos concederá el Señor la perseverancia, si no se la pedimos? ¿Y cómo se la pediremos sino con la oración? Sin oración no hay comunicación con Dios para la conservación de la virtud"[54] Y así es, porque el que descuida la oración mental ve muy poco las necesidades de su alma, conoce poco los peligros de su salvación, los medios de que debe servirse para vencer las tentaciones; y así, comprendiendo poco la necesidad de la oración, deja de orar, y ciertamente se perderá.

En cuanto a los temas de meditación, nada es más útil que meditar sobre las cuatro últimas cosas: la muerte, el juicio, el infierno y el cielo; pero es especialmente provechoso meditar sobre la muerte e imaginarnos expirando en el lecho de la enfermedad, con el crucifijo en las manos y a punto de entrar en la eternidad. Pero, sobre todo, para quien ama a Jesucristo y desea crecer siempre en su amor, ninguna consideración es más eficaz que la de la Pasión del Redentor. San Francisco de Sales llama al "monte Calvario el monte de los enamorados". Todos los amantes de Jesucristo aman morar en este monte, donde no se respira más aire que el aire del amor divino. Cuando vemos a un Dios que muere por nuestro amor y que muere para ganarse nuestro amor (nos amó y se entregó por nosotros [55]), es imposible no amarlo ardientemente. De las llagas de Cristo crucificado brotan continuamente tales dardos de amor que traspasan incluso los corazones de piedra. ¡Oh, dichoso el que en esta vida va siempre a las alturas del Calvario! ¡Oh Monte bendito! ¡Oh monte hermoso! ¡Oh, monte amado, y quién te dejará más! ¡Monte que envías llamas para encender las almas que perseverantemente moran en ti!

4. Comunión frecuente.

El cuarto medio de perfección, y aun de perseverancia en la gracia de Dios, es comulgar con frecuencia, de lo cual ya hemos hablado en la Introducción, §II., página 275, donde afirmamos que nada puede hacer un alma más agradable a Jesucristo que recibirle a menudo en el Sacramento del Altar. Santa Teresa decía: "No hay mejor ayuda para la perfección que la Comunión frecuente: ¡oh, cuán admirablemente lleva el Señor a tal alma a la perfección!". Y añade que, de ordinario, los que comulgan con más frecuencia se hallan más adelantados en la perfección; y que hay mayor espiritualidad en las comunidades donde se acostumbra comulgar con frecuencia. Por esta razón, como encontramos declarado en un decreto de Inocencio XI, en 1679, los santos Padres han ensalzado tanto y promovido tanto la práctica de la Comunión frecuente e incluso diaria. La Santa Comunión, como nos dice el Concilio de Trento, nos protege de las faltas cotidianas y nos preserva de las mortales. San Bernardo afirma[56] que la Comunión reprime los movimientos de la ira y de la incontinencia, que son las dos pasiones que con más frecuencia y violencia nos asaltan. Santo Tomás dice[57] que la Comunión vence las sugestiones del demonio. Y finalmente, San Juan Crisóstomo dice que la Comunión derrama en nuestras almas una gran inclinación a la virtud, y una prontitud para practicarla; y al mismo tiempo nos imparte una gran paz, por la cual el camino de la perfección se nos hace muy dulce y fácil. Además, no hay sacramento tan capaz de encender el amor divino en las almas como el Santísimo Sacramento de la Eucaristía, en el que Jesucristo nos entrega todo su ser, para unirnos todos a sí mismo por medio del santo amor. Por lo cual decía el Venerable Padre Juan de Ávila: "Quien disuade a las almas de comulgar con frecuencia, hace obra del demonio". Sí, porque el demonio tiene un gran horror a este sacramento, del que las almas sacan una fuerza inmensa para avanzar en el amor divino.

Pero se requiere una preparación adecuada para comulgar bien la primera preparación, o, en otros términos, la preparación remota, para poder comulgar diariamente, o varias veces en la semana, es: 1. Mantenerse libre de todo afecto deliberado al pecado, es decir, al pecado cometido, como decimos, con los ojos abiertos. 2. La práctica de mucha oración mental. 3. La mortificación de los sentidos y de las pasiones. San Francisco de Sales [58] enseña como sigue: "Quien ha vencido la mayor parte de sus malas inclinaciones, y ha llegado a un notable grado de perfección, puede comulgar todos los días". El angélico Doctor Santo Tomás dice[59] que puede comulgar diariamente quien sabe por experiencia que su alma obtiene de la sagrada Comunión un aumento del amor divino. De ahí que Inocencio XI, en el decreto antes citado, dijera que la mayor o menor frecuencia de la sagrada Comunión debe depender de la decisión del confesor, quien debe guiarse en este asunto por el provecho que ve que obtienen las almas bajo su dirección. En segundo lugar, la preparación más próxima a la Comunión es la que se hace la misma mañana de la Comunión, para la que se necesita al menos media hora de oración mental.

Para recoger también frutos más abundantes de la Comunión, debemos hacer una larga acción de gracias. El Padre Juan de Ávila decía que el tiempo después de la comunión es "un tiempo para ganar tesoros de gracias". Santa María Magdalena de Pazzi decía que no hay tiempo más calculado para inflamarnos de amor divino que el inmediatamente posterior a la Comunión. Y Santa Teresa dice: "Después de la Comunión cuidemos de no perder tan buena ocasión de negociar con Dios. Su divina majestad no acostumbra a pagar mal su hospedaje, si encuentra buen recibimiento"[60].

Hay ciertas almas pusilánimes que, al ser exhortadas a comunicarse con más frecuencia, responden: "Pero yo no soy digno". Pero, ¿no sabéis que cuanto más os abstenéis de la Comunión, tanto más indignos os hacéis de ella? Porque, privado de la sagrada Comunión, tendrás menos fuerzas y cometerás muchas faltas. Pues bien, obedece a tu director y déjate guiar por él: las faltas no prohíben la sagrada Comunión, cuando no se cometen con plena voluntad; además, entre tus faltas, la mayor es, no someterte a lo que te dice tu Padre espiritual.

"Pero en mi vida pasada fui muy malo". Y yo te respondo que debes saber que el que es más débil tiene más necesidad del médico y de la medicina. Jesús Sacramentado es nuestro médico y también nuestra medicina. San Ambrosio decía: "Yo, que estoy siempre pecando, tengo siempre necesidad de medicina"[61] Entonces diréis, tal vez: "Pero mi confesor no me dice que me comunique más a menudo". Si entonces no te dice que lo hagas, pídele permiso para comunicarte más a menudo. Si te lo niega, obedécele; pero mientras tanto, hazle la petición. "Parecería orgullo". Sería soberbia si quisieras comunicarte contra su voluntad, pero no cuando pides su consentimiento con humildad. Este pan celestial requiere hambre. Jesús ama que le seduzcan, dice un autor devoto; "tiene sed de que le seduzcan"[62] Y qué pensamiento es éste: "Hoy he comunicado, y mañana tengo que comunicar". ¡Oh, cómo tal reflexión mantiene al alma atenta a evitar todos los defectos y a hacer la voluntad de Dios! "Pero no tengo devoción". Si te refieres a devoción sensible, no es necesaria, ni Dios la concede siempre ni siquiera a sus almas más amadas. Te basta tener la devoción de una voluntad decidida a pertenecer enteramente a Dios, y a progresar en su divino amor. Juan Gerson dice[63] que quien se abstiene de comulgar porque no siente esa devoción que quisiera sentir, actúa como un hombre que no se acerca al fuego porque no se siente caliente.

Ay, Dios mío, cuántas almas, por no aplicarse a llevar una vida de mayor recogimiento y de más desprendimiento de las cosas terrenas, se preocupan de no buscar la sagrada Comunión; y ésta es la verdadera causa de que no deseen comulgar con más frecuencia. Saben muy bien que el querer aparentar siempre, el vestirse con vanidad, el aficionarse a comer y beber agradablemente, a las comodidades corporales, a las conversaciones y diversiones, no armoniza con la Comunión frecuente; saben que se requiere más oración, más mortificación, así interna como externa, más recogimiento; y por esto se avergüenzan de acercarse con más frecuencia al altar. Sin duda, tales almas hacen bien en abstenerse de la Comunión frecuente si se encuentran en ese infeliz estado de tibieza; pero quienquiera que esté llamado a una vida más perfecta debe dejar de lado esta tibieza, si no quiere arriesgar grandemente su salvación eterna.

Se encontrará asimismo que contribuye mucho a mantener vivo en el alma el fervor, hacer a menudo la Comunión espiritual, tan recomendada por el Concilio de Trento,[64] que exhorta a todos los fieles a practicarla. La Comunión espiritual, como dice Santo Tomás,[65] consiste en un ardiente deseo de recibir a Jesucristo en el Santísimo Sacramento; y por eso, los santos cuidaban de hacerla varias veces en el día. El método para hacerla es éste: "Jesús mío, creo que Tú estás realmente presente en el Santísimo Sacramento. Te amo y Te deseo; ven a mi alma. Te abrazo y te suplico que no permitas que me separe de Ti nunca más". O más brevemente así: "Jesús mío, ven a mí; te deseo; te abrazo; permanezcamos siempre unidos". Esta Comunión espiritual puede practicarse varias veces al día: cuando hacemos nuestra oración, cuando hacemos nuestra visita al Santísimo Sacramento, y especialmente cuando asistimos a Misa en el momento de la Comunión sacerdotal. La hermana dominica Beata Ángela de la Cruz decía: "Si mi confesor no me hubiera enseñado este método de comunicarme espiritualmente varias veces al día, no habría confiado en vivir".

5. La oración.

El quinto y más necesario medio para la vida espiritual, y para obtener el amor de Jesucristo, es la oración. En primer lugar, digo que por este medio Dios nos convence del gran amor que nos tiene. ¿Qué mayor prueba de afecto puede dar una persona a un amigo que decirle: "Amigo mío, pídeme lo que quieras, que yo te lo daré?". Esto es precisamente lo que nos dice nuestro Señor: Pedid, y se os dará; buscad, y hallaréis"[66]. Por eso la oración es llamada todopoderosa ante Dios para obtener toda bendición: "La oración, aunque es una, puede afectar a todas las cosas", como dice Teodoreto[67]; quien ora, obtiene de Dios lo que quiere. Son hermosas las palabras de David Bendito sea Dios, que no ha apartado de mí mi oración, ni su misericordia[68]. Comentando este pasaje, dice San Agustín: "Mientras no te veas falto de oración, ten por seguro que tampoco te faltará la misericordia divina." Y San Juan Crisóstomo: "Cuando oramos a Dios, Él nos concede la gracia que le pedimos, incluso antes de que hayamos terminado nuestra petición. Si, pues, somos pobres, culpémonos sólo a nosotros mismos, ya que somos pobres sólo porque queremos serlo, y por eso no merecemos compasión. ¿Qué compasión puede tener un mendigo que, teniendo un señor muy rico y deseoso de dárselo todo con tal que se lo pida, prefiere seguir en su pobreza antes que pedir lo que desea? "He aquí, dice el Apóstol, que nuestro Dios está dispuesto a enriquecer a todos los que le invocan". Rico para todos los que le invocan"[70].

La oración humilde, pues, lo obtiene todo de Dios; pero debemos persuadirnos al mismo tiempo de que, si es útil, no es menos necesaria para nuestra salvación. Es cierto que necesitamos absolutamente el auxilio divino para vencer las tentaciones; y a veces, en ciertos asaltos más violentos, la gracia suficiente que Dios da a todos, podría capacitarnos para resistirlas; pero a causa de nuestra inclinación al mal, de ordinario no será suficiente, y necesitaremos una gracia especial. Quien ora obtiene esta gracia; pero quien no ora, no la obtiene y se pierde. Y esto sucede más especialmente con respecto a la gracia de la perseverancia final, de morir en gracia de Dios, que es la gracia absolutamente necesaria para nuestra salvación, y sin la cual estaríamos perdidos para siempre. San Agustín [71] dice de esta gracia que Dios sólo la concede a los que oran. Y ésta es la razón por la que se salvan tan pocos, porque pocos se preocupan de pedir a Dios esta gracia de la perseverancia.

En fin, los santos Padres dicen que la oración nos es necesaria, no sólo como necesidad de precepto (de modo que los divinos dicen que quien descuida durante un mes encomendar a Dios el asunto de su salvación no está exento de pecado mortal), sino también como necesidad de medios, lo cual es tanto como decir que quien no ora no puede salvarse. Y la razón de ello es, en resumen, porque no podemos obtener la salvación eterna sin la ayuda de la gracia divina, y esta gracia Dios Todopoderoso sólo la concede a los que oran. Y puesto que las tentaciones y los peligros de caer en el desagrado de Dios nos acechan continuamente, nuestras oraciones deben ser continuas. De ahí que Santo Tomás declare que la oración continua es necesaria para que el hombre se salve: "La oración incesante es necesaria al hombre para que pueda entrar en el cielo"[72] Y el mismo Jesucristo ya había dicho lo mismo: Debemos orar siempre y no desmayar[73] Y después el Apóstol: Orad sin cesar.[74] Durante el intervalo en que dejemos de orar, el demonio nos vencerá. Y aunque la gracia de la perseverancia no puede ser merecida por nosotros, como nos enseña el Concilio de Trento[75], dice San Agustín que en cierto modo podemos merecerla por la oración[76] El Señor quiere dispensarnos su gracia, pero antes hay que rogarle; es más, como dice San Gregorio, quiere ser importunado y en cierto modo obligado por nuestras oraciones: "Dios desea que se le ruegue, desea que se le obligue, desea ser, por así decirlo, vencido por nuestra importunidad"[77] Santa María Magdalena de Pazzi dijo que "cuando pedimos gracias a Dios, no sólo nos escucha, sino que en cierto modo nos da las gracias"[78]. Sí, porque Dios, como bondad infinita, al querer derramarse sobre los demás, tiene, por decirlo así, un anhelo infinito de distribuir sus dones; pero quiere ser rogado, de donde se sigue que, cuando se ve rogado por un alma, recibe tanto placer, que en cierto modo se lo agradece.

Pues bien, si queremos conservarnos en gracia de Dios hasta la muerte, debemos hacer como el mendicante, y mantener la boca abierta para suplicar la ayuda de Dios, repitiendo siempre: "Jesús mío, misericordia; no permitas que me separe nunca de Ti; Señor, ven en mi ayuda; Dios mío, ¡asísteme!". Esta era la oración incesante de los antiguos Padres del desierto: "Inclínate en mi ayuda, oh Dios: Señor, ayúdame pronto, porque si tardas en socorrerme, caeré y pereceré". Y esto sobre todo debe practicarse en el momento de la tentación; quien obra de otro modo está perdido.

Y tengamos mucha fe en la oración. Dios ha prometido escuchar al que ora: Pedid y recibiréis"[79] ¿Cómo podemos dudar, dice San Agustín, puesto que Dios se ha obligado por promesa expresa, y no puede dejar de concedernos los favores que le pedimos? "Al encomendarnos a Dios, debemos tener la confianza cierta de que Dios nos escucha, y entonces obtendremos lo que queramos. He aquí lo que dice Jesucristo Todo lo que pidiereis orando, creed que lo recibiréis, y os vendrá[81].

"Pero", puede decir alguien, "soy un pecador, y no merezco ser escuchado". Pero Jesucristo dice: Todo el que pide, recibe[82], sea justo o pecador. Santo Tomás nos enseña que la eficacia de la oración para obtener gracias no depende de nuestros méritos, sino de la misericordia de Dios, que ha prometido oír a todo el que le ruega[83] Y nuestro Redentor, para alejar de nosotros todo temor cuando oramos, dijo: En verdad, en verdad os digo que si pedís algo al Padre en mi nombre, Él os lo dará[84]. Como si dijera: Pecadores, no tenéis méritos propios para obtener gracias, por tanto, haced así: cuando queráis obtener gracias, pedidlas a mi Padre en mi nombre; es decir, por mis méritos y por mi amor; y luego pedid cuantas queráis, y os serán concedidas. Pero fijémonos bien en esas palabras: "En mi nombre", que significan (como lo explica Santo Tomás): "en el nombre del Salvador"; o, en otras palabras, que las gracias que pedimos deben ser gracias que se refieran a nuestra salvación eterna; y por consiguiente debemos observar que la promesa no se refiere a los favores temporales; éstos los concede nuestro Señor, cuando son provechosos para nuestro bienestar eterno; si resultan de otro modo, los rechaza. De modo que debemos pedir siempre favores temporales, a condición de que beneficien a nuestra alma. Pero si se trata de gracias espirituales, entonces no requieren ninguna condición; sino que con confianza, y una confianza segura, debemos decir: "Padre eterno, en nombre de Jesucristo líbrame de esta tentación: concédeme la santa perseverancia, concédeme tu amor, concédeme el cielo." También podemos pedir estas gracias a Jesucristo en su nombre, es decir, por sus méritos, pues tenemos también su promesa en este sentido: Si algo me pidiereis en mi nombre, lo haré[85].

Y mientras oramos a Dios, no olvidemos encomendarnos al mismo tiempo a María, dispensadora de gracias. San Bernardo dice que es Dios Todopoderoso quien concede las gracias; pero las concede por manos de María: "Si María reza por nosotros, estamos seguros, porque toda petición de María es escuchada y nunca puede ser rechazada.

Afectos y oraciones.

Oh Jesús, amor mío, estoy decidida a amarte tanto como pueda, y deseo llegar a ser santa; y deseo llegar a ser santa por esta razón, para darte placer, y amarte sobremanera en esta vida y en la otra. Yo no puedo hacer nada por mí mismo, pero Tú puedes hacer todas las cosas; y sé que Tú deseas que me convierta en santo. Ya veo que, por tu gracia, mi alma sólo suspira por Ti y no busca otra cosa que a Ti. No deseo vivir más para mí mismo; Tú deseas que sea enteramente Tuyo, y yo deseo ser enteramente Tuyo. Ven y úneme a Ti y a Ti conmigo. Tú eres la bondad infinita; Tú eres quien me ha amado tanto; Tú eres, en verdad, demasiado amoroso y demasiado hermoso; ¿cómo, entonces, puedo amar a nadie más que a Ti? Prefiero tu amor a todas las cosas de este mundo; Tú eres el único objeto, el único fin de todos mis afectos. Dejo todo para ocuparme únicamente en amarte a Ti, mi Redentor, mi Consolador, mi esperanza, mi amor y mi todo. No desesperaré de llegar a ser santa a causa de los pecados de mi vida pasada; porque sé, Jesús mío, que Tú moriste para perdonar al verdadero penitente. Te amo ahora con todo mi corazón, con toda mi alma; Te amo más que a mí mismo, y lamento, por encima de cualquier otro mal, haber tenido la desgracia de despreciarte, mi soberano bien. Ahora ya no soy mío, soy Tuyo; Dios de mi corazón, dispone de mí como te plazca. Para complacerte, acepto todas las tribulaciones que quieras enviarme: enfermedades, penas, angustias, ignominias, pobreza, persecución, desolación... Todo lo acepto para complacerte; del mismo modo acepto la muerte que has decretado para mí, con todas las angustias y cruces que puedan acompañarla: basta con que me concedas la gracia de amarte sobremanera. Prestadme Vuestra asistencia; dadme fuerzas en adelante para compensar, con mi amor, todas las amarguras que Os he causado en el tiempo pasado, ¡oh único amor de mi alma!

Oh Reina del Cielo, oh Madre de Dios, oh gran abogada de los pecadores, ¡en Ti confío!

LA CARIDAD NO SE HINCHA

EL QUE AMA A JESUCRISTO NO SE ENVANECE DE SU PROPIO VALOR, SINO QUE SE HUMILLA, Y SE ALEGRA DE SER HUMILLADO POR LOS OTROS

Una persona orgullosa es como un globo lleno de aire, que parece, en verdad, grande; pero cuya grandeza no es más que un poco de aire; el cual, tan pronto como se abre el globo, se dispersa rápidamente. El que ama a Dios es humilde, y no se regocija al ver en sí algún valor; porque sabe que todo lo que posee es don de Dios, y que de suyo no tiene más que la nada y el pecado; de suerte que este conocimiento de los favores divinos que le han sido concedidos le humilla tanto más, cuanto que es consciente de ser tan indigno, y sin embargo tan favorecido por Dios.

Santa Teresa dice, hablando de los favores especiales que recibió de Dios: "Dios hace conmigo como hacen con una casa, que, cuando está a punto de caerse, la apuntalan con soportes". Cuando un alma recibe una visita amorosa de Dios, y siente dentro de sí un fervor inusitado de amor divino, acompañado de lágrimas, o de una gran ternura de corazón, que se guarde de suponer que Dios la favorece así, en recompensa de alguna buena acción; sino que entonces se humille aún más, concluyendo que Dios la acaricia para que no le abandone; de lo contrario, si hiciera de tales favores objeto de vana complacencia, creyéndose más privilegiada, por recibir de Dios mayores dones que los demás, tal falta induciría a Dios a privarla de sus favores. Dos cosas son principalmente necesarias para la estabilidad de una casa: los cimientos y el tejado; los cimientos en nosotros deben ser la humildad, reconociéndonos buenos para nada y capaces de nada; y el tejado es la asistencia divina, en la que sólo debemos poner toda nuestra confianza.

Siempre que nos veamos excepcionalmente favorecidos por Dios, debemos humillarnos más. Cuando Santa Teresa recibía algún favor especial, solía esforzarse en poner ante sus ojos todas las faltas que había cometido; y así, el Señor la recibía en más estrecha unión consigo mismo: cuanto más se confiesa un alma indigna de cualquier favor, tanto más la enriquece Dios con sus gracias. Thais, que primero fue pecadora y luego santa, se humilló tan profundamente ante Dios que ni siquiera se atrevió a mencionar su nombre; de modo que no tuvo el valor de decir: "Dios mío", sino que dijo: "Creador mío, ten piedad de mí"[1] Y San Jerónimo escribe que, en recompensa por tal humildad, vio un trono glorioso preparado para ella en el cielo. En la vida de santa Margarita de Cortona leemos lo mismo: que, cuando el Señor la visitó un día con mayores muestras de ternura y amor, exclamó: "Pero, Señor, ¿te has olvidado de lo que he sido? ¿Es posible que pagues todos mis ultrajes contra Ti con tan exquisita dulzura?". Y Dios respondió, que cuando un alma le ama, y se arrepiente cordialmente de haberle ofendido, olvida todas sus pasadas infidelidades; como, en efecto, habló antiguamente por boca de Ezequiel: Pero si el impío hace penitencia... no me acordaré de todas sus iniquidades[2]. Y en prueba de esto, le mostró un alto trono, que le había preparado en el cielo en medio de los serafines. ¡Ojalá comprendiéramos el valor de la humildad! Un solo acto de humildad vale más que todas las riquezas del universo.

Decía Santa Teresa: "No pienses que has avanzado mucho en la perfección, hasta que te consideres el peor de todos, y desees colocarte por debajo de todos". Y sobre esta máxima actuó la santa, y así lo han hecho todos los santos; San Francisco de Asís, St. María Magdalena de Pazzi, y los demás, se consideraban los mayores pecadores del mundo, y se extrañaban de que la tierra los cobijara, y no se abriera más bien bajo sus pies para tragarlos vivos; El venerable padre Juan de Ávila, que desde su más tierna infancia había llevado una vida santa, estaba en su lecho de muerte; y el sacerdote que vino a asistirle le dijo muchas cosas sublimes, tomándole por lo que en verdad era, un gran siervo de Dios y un hombre docto; pero el padre Ávila le habló así: "Padre, os ruego que hagáis la recomendación de mi alma, como del alma de un criminal condenado a muerte; porque tal soy". Esta es la opinión que los santos tienen de sí mismos en la vida y en la muerte.

También nosotros debemos obrar así, si queremos salvar nuestras almas, y mantenernos en gracia de Dios hasta la muerte, descansando toda nuestra confianza sólo en Dios. El soberbio confía en sus propias fuerzas, y por eso cae; pero el humilde, poniendo toda su confianza sólo en Dios, se mantiene firme y no cae, por violentas y multiplicadas que sean las tentaciones; porque su consigna es: Todo lo puedo en Aquel que me fortalece. [3] El demonio nos tienta unas veces a la presunción, otras a la desconfianza; siempre que nos sugiere que no corremos peligro de caer, entonces debemos temblar más; porque si Dios nos retirara su gracia por un instante, estamos perdidos. Cuando, de nuevo, nos tiente a la desconfianza, entonces dirijámonos a Dios, y dirijámonos así a Él con gran confianza: En Ti, Señor, he esperado, nunca seré confundido[4]. Dios mío, en Ti he puesto todas mis esperanzas; espero nunca encontrar confusión, ni ser privado de tu gracia. Debemos ejercitarnos continuamente, hasta los últimos momentos de nuestra vida, en estos actos de desconfianza en nosotros mismos y de confianza en Dios, suplicando siempre a Dios que nos conceda humildad.

Pero no basta, para ser humildes, tener una opinión baja de nosotros mismos, y considerarnos los seres miserables que realmente somos el hombre que es verdaderamente humilde, dice Tomás de Kempis,[5] se desprecia a sí mismo, y desea también ser despreciado por los demás. Esto es lo que Jesucristo nos recomienda tan encarecidamente que practiquemos, siguiendo su ejemplo: Aprended de Mí, que soy manso y humilde de corazón[6]. Quien se considera a sí mismo el mayor pecador del mundo, y luego se enfada cuando los demás le desprecian, muestra claramente humildad de lengua, pero no de corazón. Santo Tomás de Aquino dice que una persona que se resiente de ser menospreciada puede estar segura de que está muy lejos de la perfección, aunque haga milagros. La divina Madre envió del cielo a San Ignacio de Loyola para que instruyese en la humildad a Santa María Magdalena de Pazzi; y he aquí la lección que el santo le dio: "La humildad es una alegría ante lo que nos lleva a despreciarnos"[7] Fijaos bien, una alegría; si los sentimientos se agitan con resentimiento ante el desprecio que recibimos, al menos alegrémonos en espíritu.

Y cómo es posible que un alma no ame el desprecio, si ama a Jesucristo, y contempla cómo su Dios fue abofeteado y escupido, y cómo sufrió en su Pasión. Entonces le escupían en la cara y le abofeteaban, y otros le golpeaban el rostro con las palmas de las manos[8]. Con este fin quiere nuestro Redentor que mantengamos expuesta en nuestros altares su imagen, que no le representa ciertamente en la gloria, sino clavado en la cruz, para que tengamos constantemente ante los ojos sus ignominias, espectáculo que hacía gozar a los santos de ser vilipendiados en este mundo. Y tal fue la oración que San Juan de la Cruz dirigió a Jesucristo, cuando se le apareció con la cruz a cuestas: "Señor mío, al verte tan vilipendiado por mi amor, sólo te pido que me dejes sufrir y ser despreciado por tu amor.

San Francisco de Sales dijo:[10] "Soportar las injurias es la piedra de toque de la humildad y de la verdadera virtud." Si una persona que pretende espiritualidad practica la oración, comulga con frecuencia, ayuna y se mortifica, y sin embargo no puede soportar una afrenta, o una palabra mordaz, ¿de qué es señal? Es señal de que es un bastón hueco, sin humildad y sin virtud. ¿Y qué puede hacer un alma que ama a Jesucristo, si no es capaz de soportar un desaire por amor a Jesucristo, que tanto ha soportado por ella? Tomás de Kempis, en su librito de oro de la Imitación de Cristo, escribe lo siguiente: "Puesto que tenéis tanto aborrecimiento de ser humillados, es señal de que no estáis muertos al mundo, de que no tenéis humildad y de que no tenéis a Dios ante los ojos. El que no tiene a Dios ante los ojos, se turba con cada sílaba de censura que oye"[11] No puedes soportar puñetazos y golpes por Dios; soporta al menos una palabra pasajera.

¡Oh, qué sorpresa y escándalo causa esa persona que se comunica a menudo, y luego está dispuesta a resentir cada pequeña palabra de desprecio! Por el contrario, ¡qué edificación da un alma que contesta a los desprecios con palabras suaves, dichas para conciliar al ofensor; o tal vez no contesta en absoluto, ni se queja de ello a otros, sino que continúa con mirada plácida, y sin mostrar el menor signo de indignación! San Juan Crisóstomo dice que una persona mansa no sólo es útil para sí misma, sino también para los demás, por el buen ejemplo que les da de mansedumbre al soportar el desprecio: "El hombre manso es útil a sí mismo y a los demás"[12] Tomás de Kempis menciona, con respecto a este tema, varias cosas en las que debemos practicar la humildad; dice lo siguiente: "Lo que otros digan será escuchado con atención, y lo que tú digas no será tenido en cuenta. Otros harán una petición y la obtendrán; tú pedirás algo y te encontrarás con una negativa. Otros serán engrandecidos en boca de los hombres, y a ti nadie te dirigirá la palabra. Tal o cual cargo será conferido a otros, pero tú serás pasado por alto como no apto para nada. Con pruebas semejantes suele el Señor probar a su siervo fiel, y ver hasta qué punto ha aprendido a vencerse a sí mismo y a callar. La naturaleza, ciertamente, a veces no le gustará; pero obtendrás un inmenso beneficio de ello si lo soportas todo en silencio"[13].

Decía Santa Juana de Chantal que "una persona que es verdaderamente humilde aprovecha la ocasión de recibir alguna humillación para humillarse aún más"[14] Sí, porque quien es verdaderamente humilde nunca se supone humillado tanto como merece. Los que se comportan así son llamados bienaventurados por Jesucristo. No se llaman bienaventurados los que son estimados por el mundo, los que son honrados y alabados, los nobles, los sabios, los poderosos; sino los que son maldecidos por el mundo, los que son perseguidos y calumniados; porque para éstos está preparada una gloriosa recompensa en el cielo, si lo soportan todo con paciencia: Bienaventurados seréis cuando os injurien y os persigan, y digan todo lo malo contra vosotros infundadamente por mi causa: alegraos y regocijaos, porque vuestra recompensa es muy grande en los cielos[15].

La gran ocasión para practicar la humildad es cuando recibimos corrección por alguna falta de los Superiores o de los demás. Algunas personas se parecen al erizo: parecen todo calma y mansedumbre mientras permanecen intactas; pero en cuanto un Superior o un amigo les toca, con una observación sobre algo que han hecho imperfectamente, inmediatamente se vuelven todo púas, y responden acaloradamente, que tal y tal cosa no es verdad, o que tenían razón al hacer tal cosa, o que tal corrección es totalmente improcedente. En una palabra, reprenderles es convertirse en su enemigo; se comportan como una persona que se enfada con el cirujano por haberle hecho sufrir en la curación de sus heridas. "Se enfada con el cirujano"[16], escribe San Bernardo. "Cuando el hombre virtuoso y humilde es corregido por una falta", dice San Juan Crisóstomo, "se aflige por haberla cometido; el orgulloso, en cambio, al recibir corrección, también se aflige; pero se aflige de que su falta sea detectada; y por esta razón se turba, da respuestas y se enfada con la persona que le corrige." Esta es la regla de oro dada por San Felipe Neri, que debe observarse con respecto a recibir corrección: "Y sólo hay un caso que debe exceptuarse de esta regla, y es cuando la autodefensa puede parecer necesaria para evitar el escándalo. ¡Oh, qué mérito tiene ante Dios el alma que es injustamente reprendida y, sin embargo, guarda silencio y se abstiene de defenderse! Santa Teresa decía: "Hay ocasiones en que un alma hace más progresos y adquiere mayor grado de perfección absteniéndose de excusarse que oyendo diez sermones; porque no excusándose comienza a obtener libertad de espíritu, y a no hacer caso de si el mundo habla bien o mal de ella"[18].

Afectos y oraciones.

¡Oh Verbo Encarnado! Te suplico que, por los méritos de tu santa humildad, que te llevó a abrazar tantas ignominias e injurias por nuestro amor, me libres de todo orgullo y me concedas una parte de tu humildad. ¿Y qué derecho tengo a quejarme de cualquier afrenta que se me ofrezca, después de haber merecido tantas veces el infierno? Oh Jesús mío, por el mérito de todos los desprecios y afrentas soportados por mí en tu Pasión, concédeme la gracia de vivir y morir humillado en esta tierra, como Tú viviste y moriste humillado por mí. Por tu amor, de buena gana sería despreciado y abandonado por todo el mundo; pero sin Ti no puedo hacer nada. Te amo, oh soberano bien mío; Te amo, oh amado de mi alma. Te amo; y espero, por Ti, cumplir mi propósito de sufrirlo todo por Ti, -afrentas, traiciones, persecuciones, aflicciones, sequedad y desolación; me basta con que no me abandones, oh único objeto del amor de mi alma. No permitas que me aleje más de Ti. Enciende en mí el deseo de agradarte. Concédeme fervor en amarte. Dame paz en el sufrimiento por Ti. Dame resignación en todas las contradicciones. Ten piedad de mí. No merezco nada; pero pongo todas mis esperanzas en Ti, que me has comprado con tu propia sangre.

Y todo lo espero también de Ti, oh mi Reina y mi Madre María, que eres el refugio de los pecadores.

LA CARIDAD NO ES AMBICIOSA

EL QUE AMA A JESUCRISTO NO DESEA OTRA COSA QUE A JESUCRISTO

El que ama a Dios no desea ser estimado y amado por sus semejantes: el único deseo de su corazón es gozar del favor de Dios Todopoderoso, que es el único objeto de su amor. San Hilario escribe que todos los honores del mundo son cosa del demonio[1]; y así es, porque el enemigo trafica para el infierno, cuando infecta el alma con el deseo de estimación; porque, dejando así de lado la humildad, corre grandes riesgos de hundirse en todos los vicios. Santiago escribe que, así como Dios confiere sus gracias con las manos abiertas a los humildes, así las cierra contra los soberbios, a quienes resiste. Dios resiste a los soberbios y da su gracia a los humildes[2]. Dice que resiste a los soberbios, dando a entender que ni siquiera escucha sus oraciones. Y ciertamente, entre los actos de soberbia podemos contar el deseo de ser honrado por los hombres, y la exaltación de sí mismo al recibir honores de ellos.

Tenemos un espantoso ejemplo de esto en la historia de Fray Justino el Franciscano, que incluso se había elevado a un elevado estado de contemplación; pero porque tal vez -y de hecho sin tal vez- alimentaba dentro de sí un deseo de estima humana, he aquí lo que le sucedió. Un día le mandó llamar el Papa Eugenio IV, quien, a causa de la gran opinión que tenía de su santidad, le mostró peculiares muestras de honor, le abrazó y le hizo sentar a su lado. Tan altos honores llenaron al hermano Justino de engreimiento; ante lo cual San Juan Capistrano le dijo: "¡Ay, hermano Justino, nos dejaste un ángel, y vuelves un demonio!". Y de hecho, el desventurado Hermano, cada día más hinchado de arrogancia e insistiendo en ser tratado de acuerdo con su propia estimación de sí mismo, finalmente asesinó a un hermano con un cuchillo; después se convirtió en apóstata, y huyó al reino de Nápoles, donde perpetró otras atrocidades; y allí murió en prisión, apóstata hasta el final.

De aquí que cierto gran siervo de Dios dijera sabiamente que cuando oímos o leemos acerca de la caída de algunos altos cedros de Libano, de un Salomón, de un Tertuliano, de un Osio, que tenían toda la reputación de santos, es señal de que no se entregaron enteramente a Dios, sino que alimentaron interiormente algún espíritu de orgullo y así cayeron. Temblemos, pues, cuando sintamos surgir en nosotros la ambición de aparecer en público y de ser estimados por el mundo; y cuando el mundo nos rinda algún tributo de honor, guardémonos de complacernos en ello, lo cual podría ser causa de nuestra ruina total.

Cuidémonos especialmente de toda ambiciosa búsqueda de preferencia, y de la sensibilidad en cuestiones de honor. Santa Teresa decía: "Donde prevalece la puntillosidad, allí nunca prevalecerá la espiritualidad"[3] Muchas personas hacen profesión de vida espiritual, pero son adoradores de sí mismos. Tienen la apariencia de ciertas virtudes, pero ambicionan ser alabados en todas sus empresas; y si nadie los alaba, ellos se alaban a sí mismos: en resumen, se esfuerzan por apelar a ser mejores que los demás; y si su honor es tocado, pierden la paz, dejan de comulgar, omiten todas sus devociones, y no encuentran descanso hasta que se imaginan que han recuperado su antigua posición. Los verdaderos amantes de Dios no se comportan así. No sólo evitan cuidadosamente toda palabra de autoestima y toda autocomplacencia, sino que, además, se apenan al oírse elogiados por otros, y su alegría es contemplarse a sí mismos con poca reputación por el resto de los hombres.

El dicho de San Francisco de Asís es muy cierto: "Lo que soy ante Dios, eso soy". ¿De qué sirve pasar por grande a los ojos del mundo, si ante Dios somos viles y sin valor? Y al contrario, ¿qué importa ser despreciados por el mundo, con tal que seamos queridos y aceptables a los ojos de Dios? San Agustín escribe así: "Ni la aprobación del que alaba sana una mala conciencia, ni el reproche del que culpa hiere una buena conciencia"[4] Así como el que nos alaba no puede librarnos del castigo de nuestras malas acciones, tampoco el que nos reprocha puede robarnos el mérito de nuestras buenas acciones. "¿Qué importa -dice Santa Teresa- aunque seamos condenados y vituperados por las criaturas, si ante Ti, ¡oh Dios! somos grandes y sin culpa?". Los santos no tenían otro deseo que vivir desconocidos, y pasar por despreciables en la estimación de todos. Así escribe

San Francisco de Sales: "¿Pero qué mal sufrimos cuando la gente tiene una mala opinión de nosotros, ya que deberíamos tenerla de nosotros mismos? Tal vez sabemos que somos malos, y sin embargo queremos pasar por buenos en la estimación de los demás"[5].

¡Oh, qué seguridad se encuentra en la vida oculta para quienes desean cordialmente amar a Jesucristo! Jesucristo mismo nos dio el ejemplo, viviendo oculto y despreciado durante treinta años en un taller. Y con el mismo fin de escapar a la estima de los hombres, los santos se escondieron en desiertos y cuevas. Decía San Vicente de Paúl[6] que el amor a aparecer en público, a que se hable de nosotros en términos elogiosos, a que se alabe nuestra conducta, a que se diga que triunfamos admirablemente y que hacemos maravillas, es un mal que, a la vez que nos desentiende de Dios, contamina nuestras mejores acciones y resulta el más fatal inconveniente para la vida espiritual.

Quien quiera, pues, progresar en el amor de Jesucristo, debe absolutamente dar un golpe de muerte al amor propio. Pero, ¿cómo asestar este golpe? He aquí cómo nos instruye Santa María Magdalena de Pazzi: "Lo que mantiene vivo el apetito de amor propio es el ocupar una posición favorable en la mente de todos; por consiguiente, la muerte del amor propio es mantenerse oculto, para no ser conocido de nadie. Y hasta que no aprendamos a morir de esta manera, nunca seremos verdaderos siervos de Dios"[7].

Para ser, pues, agradables a los ojos de Dios, debemos evitar toda ambición de figurar y de hacer ostentación a los ojos de los hombres. Y debemos evitar con mayor cautela aún la ambición de gobernar a los demás. Antes que ver esta maldita ambición poner el pie en el convento, Santa Teresa [8] declaró que preferiría que se quemase todo el convento, y todas las monjas con él. Así que manifestó su deseo de que si alguna vez una de sus religiosas era sorprendida aspirando a la Superiora, fuera expulsada de la comunidad, o al menos sufriera confinamiento perpetuo. Santa María Magdalena de Pazzi dijo: "El honor de una persona espiritual consiste en ponerse por debajo de todos, y en aborrecer toda superioridad sobre los demás. La ambición de un alma que ama a Dios debe ser superar a todos los demás en humildad, según el consejo de San Pablo: Con humildad, que cada uno estime a los demás mejores que a sí mismo"[9] En una palabra, el que ama a Dios debe hacer de Dios el único objeto de su ambición.

Afectos y oraciones.

Jesús mío, concédeme la ambición de agradarte, y haz que me olvide de todas las criaturas y también de mí mismo. De qué me sirve ser amado por todo el mundo, si no soy amado por Ti, el único amor de mi alma. Jesús mío, que vienes al mundo para ganar nuestros corazones, si no soy capaz de darte mi corazón, haz el favor de tomarlo y llenarlo de tu amor, y no permitas que me separe más de Ti. Te he dado la espalda en el pasado; pero ahora que soy consciente del mal que he hecho, me aflijo por ello con todo mi corazón, y ninguna aflicción en el mundo puede afligirme tanto como el recuerdo de las ofensas que tantas veces he cometido contra Ti. Me consuela pensar que Tú eres bondad infinita, que no desdeñas amar a un pecador que Te ama. Mi amado Redentor, oh dulcísimo amor de mi alma, hasta ahora te he menospreciado; pero ahora al menos te amo más que a mí mismo. Te ofrezco mi persona y todo lo que me pertenece. Sólo tengo un deseo: amarte y complacerte. Esta es toda mi ambición; acéptala, y complácete en aumentarla, y extermina en mí todo deseo de bienes terrenales. Tú mereces amor, y grandes son mis obligaciones de amarte. Mírame, pues, deseo ser enteramente Tuyo; y sufriré lo que Te plazca, Tú que por amor a mí moriste de dolor en la cruz. Tú quieres que yo sea santo; Tú puedes hacerme santo; en Ti pongo mi confianza.

Y también confío en tu protección, oh María, gran Madre de Dios.

LA CARIDAD NO BUSCA LO SUYO

EL QUE AMA A JESUCRISTO BUSCA DESPRENDERSE DE TODA CRIATURA

Quien desee amar a Jesucristo con todo su corazón, debe desterrar de su corazón todo lo que no es Dios, sino simplemente amor propio. Este es el significado de aquellas palabras: "no busca lo suyo"; no buscarnos a nosotros mismos, sino sólo lo que agrada a Dios. Y esto es lo que Dios requiere de todos nosotros, cuando dice: Amarás al Señor tu Dios con todo tu corazón[1]. Dos cosas son necesarias para amar a Dios con todo nuestro corazón: 1. Limpiarlo de tierra. 2. Llenarlo de amor santo. De donde se deduce que un corazón en el que permanecen afectos terrenales no puede pertenecer enteramente a Dios. San Felipe Neri [2] dijo, "que tanto amor como otorgamos a la criatura, tanto le quitamos al Creador". En segundo lugar, ¿cómo debe purgarse la tierra del corazón? Verdaderamente por la mortificación y el desprendimiento de las criaturas. Algunas almas se quejan de que buscan a Dios, y no le encuentran; que escuchen lo que dice Santa Teresa: "Despoja tu corazón de las criaturas, y busca a Dios, y le hallarás"[3].

El error está en que algunos quieren ser santos, pero a su manera; quieren amar a Jesucristo, pero a su manera, sin renunciar a esas diversiones, a esa vanidad en el vestir, a esas delicadezas en el comer: aman a Dios, pero si no consiguen tal o cual cargo, viven descontentos; si, además, resultan tocados en punto a estima, se encienden todos; si no se recuperan de una enfermedad, pierden toda paciencia. Aman a Dios, pero se niegan a renunciar a ese apego por las riquezas, los honores del mundo, por la vanagloria de ser considerados de buena familia, de gran erudición y mejores que los demás. Los tales practican la oración y frecuentan la sagrada Comunión; pero como llevan consigo corazones llenos de tierra, sacan poco provecho. Nuestro Señor ni siquiera les habla, porque sabe que es un desperdicio de palabras. De hecho, así se lo dijo a Santa Teresa en cierta ocasión: "Quisiera hablar a muchas almas, pero el mundo hace tanto ruido a sus oídos, que mi voz no la oyen. Ojalá se retiraran un poco del mundo". Quien, pues, está lleno de afectos terrenales no puede ni siquiera oír la voz de Dios que le habla. Pero infeliz el hombre que continúa apegado a los bienes sensibles de esta tierra; fácilmente puede cegarse tanto por ellos que un día abandone el amor de Jesucristo; y por falta de abandonar estos bienes transitorios puede perder para siempre a Dios, el bien infinito. Santa Teresa decía: "Es consecuencia razonable, que el que corre tras los bienes perecederos, perezca él mismo".

San Agustín [4] nos informa de que Tiberio César deseaba que el senado romano inscribiera a Jesucristo entre el resto de sus dioses; pero el senado se negó a hacerlo, alegando que era un Dios demasiado orgulloso y que sería adorado solo, sin compañía alguna. Es muy cierto: Dios será el único objeto de nuestra adoración y amor; no por orgullo, sino porque es lo que le corresponde, y también por el amor que nos profesa. Porque, como Él mismo nos ama sobremanera, desea a cambio todo nuestro amor; y por eso está celoso de que nadie más comparta los afectos de nuestros corazones, de los que desea ser el único poseedor: "Jesús es un amante celoso"[5], dice San Jerónimo, y por eso no quiere que fijemos nuestro afecto en otra cosa que no sea Él mismo. Y cuando ve que algún objeto creado se apodera de nuestro corazón, lo mira como con celos, como dice el Apóstol Santiago, porque no soporta un rival, sino que quiere seguir siendo el único objeto de todo nuestro amor: ¿Pensáis que la Escritura dice en vano: Envidiar codicia el Espíritu que mora en vosotros?[6] El Señor en los sagrados Cánticos alaba a su esposa, diciendo: Mi hermana, mi esposa, es un huerto cerrado[7]. La llama "huerto cerrado", porque el alma que es su esposa cierra su corazón a todo amor terreno, para conservarlo todo sólo para Jesucristo. ¿Y acaso Jesucristo no merece todo nuestro amor? Ah, demasiado, demasiado lo ha merecido, tanto por su propia bondad como por su amor hacia nosotros. Bien lo sabían los santos, y por eso decía San Francisco de Sales: "Si tuviera conciencia de una sola fibra de mi corazón que no perteneciera a Dios, la arrancaría inmediatamente"[8].

David anhelaba tener alas libres de toda cal de afectos mundanos, para volar y reposar en Dios: ¿Quién me dará alas como de paloma, y volaré y descansaré?[9] Muchas almas desearían verse libres de toda traba terrena para volar a Dios, y harían en realidad altos vuelos por el camino de la santidad, si se desprendieran de todo lo de este mundo; pero como conservan algún pequeño afecto desordenado, y no usan violencia consigo mismas para librarse de él, permanecen siempre languideciendo en su miseria, sin levantar jamás un pie del suelo. San Juan de la Cruz dijo: "El alma que permanece con sus afectos apegada a cualquier cosa, por pequeña que sea, por muchas virtudes que posea, nunca llegará a la unión divina; porque poco importa que el pájaro esté atado con un hilo leve o con uno grueso; pues, por leve que sea, con tal que no lo rompa, permanece siempre atada, sin poder volar. ¡Oh, qué lastimoso es ver ciertas almas, ricas en ejercicios espirituales, en virtudes y favores divinos; y, sin embargo, por no ser bastante atrevidas para romper algún apego insignificante, no pueden llegar a la unión divina, para la cual sólo se necesitaba un vuelo fuerte y resuelto para romper eficazmente aquel hilo fatal! Puesto que, una vez que el alma se ha vaciado de todo afecto a las criaturas, Dios no puede dejar de comunicarse enteramente a ella"[10].

Quien quiera poseer enteramente a Dios, debe entregarse enteramente a Dios: Mi amado a mí y yo a él,[11] dice el Sagrado Esposo. Mi amado se ha entregado enteramente a mí, y yo me entrego enteramente a él. El amor que Jesucristo nos tiene le hace desear todo nuestro amor; y sin todo no se sacia. A este propósito encontramos a Santa Teresa escribiendo así a la Priora de uno de sus conventos: "Esforzaos en formar las almas a un total desprendimiento de todo lo creado, porque han de ser formadas para esposas de un rey tan celoso, que quiere que hasta se olviden de sí mismas." Santa María Magdalena de Pazzi quitó un librito de devoción a una de sus novicias, simplemente porque observó que estaba demasiado apegada a él. Muchas almas se absuelven del deber de orar, de visitar el Santísimo Sacramento, de frecuentar la Sagrada Comunión; pero, sin embargo, progresan poco o nada en la perfección, y todo porque conservan en el corazón alguna afición a algo; y si persisten en vivir así, no sólo serán siempre miserables, sino que corren el riesgo de perderlo todo.

Debemos, pues, suplicar a Dios Todopoderoso, con David, que despoje nuestro corazón de todos los apegos terrenales: Crea en mí, oh Dios, un corazón limpio[12]. De lo contrario, nunca podremos ser enteramente suyos. Él nos ha dado a entender muy claramente que quien no renuncie a todo lo que hay en este mundo, no puede ser su discípulo: Todo aquel de vosotros que no renuncie a todo lo que posee, no puede ser mi discípulo[13]. Por esta razón, los antiguos Padres del desierto solían plantear primero esta pregunta a cualquier joven que deseara asociarse con ellos: "¿Traes un corazón vacío, para que el Espíritu Santo lo llene?". Lo mismo dijo Nuestro Señor a Santa Gertrudis, cuando ella le rogó que le significase lo que deseaba de ella: "No deseo otra cosa, dijo, sino encontrar un corazón vacío de criaturas"[14] Debemos, pues, decir a Dios con gran resolución y valor: Te prefiero, Señor, a todo: a la salud, a las riquezas, a los honores y dignidades, a los aplausos, a la ciencia, a los consuelos, a las grandes esperanzas, a los deseos y hasta a las mismas gracias y dones que de Ti pueda recibir. En resumen, Te prefiero a todo bien creado que no seas Tú, oh Dios mío. Cualquiera que sea el beneficio que me concedas, oh Dios mío, nada fuera de Ti me satisfará. Sólo Te deseo a Ti y a nada más.

Cuando el corazón se desprende de las criaturas, el amor divino entra inmediatamente y lo llena. Además, Santa Teresa dijo: "Tan pronto como se alejan las malas ocasiones, el corazón se vuelve inmediatamente a amar a Dios". Sí, porque el corazón humano no puede existir sin amar; o debe amar al Creador o a las criaturas: si no ama a las criaturas, ciertamente amará a Dios. En resumen, hay que dejarlo todo para ganarlo todo. "Todo por todo"[15], dice Tomás de Kempis. Mientras Santa Teresa abrigó cierto afecto, aunque puro, hacia uno de sus parientes, no perteneció enteramente a Dios; pero cuando después se armó de valor, y cortó resueltamente el apego, entonces mereció oír estas palabras de Jesús: "Un corazón es demasiado pequeño para amar a este Dios tan amoroso y tan hermoso, y que merece un amor infinito; y ¿pensaremos entonces en dividir este pequeño corazón entre las criaturas y Dios? El Venerable Luis da Ponte se avergonzaba de hablar así a Dios: "Oh Señor, te amo sobre todas las cosas, por encima de riquezas, honores, amigos, parientes"; pues le parecía tanto como decir: "¡Oh Señor, te amo más que a la suciedad, que al humo y que a los gusanos de la tierra! "

El profeta Jeremías dice que el Señor es todo bondad para con quien lo busca: El Señor es bueno con el alma que le busca.[17] Pero él lo entiende de un alma que busca sólo a Dios. ¡Oh bendita pérdida! Perder los bienes terrenales, que no satisfacen al corazón y pronto desaparecen, para obtener el bien soberano y eterno, que es Dios. Se cuenta que un piadoso ermitaño, un día en que el rey estaba de caza por el bosque, comenzó a correr de un lado a otro como si buscara algo; el rey, observándolo así ocupado, le preguntó quién era y qué hacía; el ermitaño respondió: "¿Y puedo preguntar a vuestra majestad a qué os dedicáis en este desierto?". El rey respondió "Voy en busca de caza". Y el ermitaño replicó: "Yo también voy en busca de Dios". Con estas palabras continuó su camino y se marchó. Durante la vida presente éste debe ser también nuestro único pensamiento, nuestro único propósito, ir en busca de Dios para amarle, y en busca de su voluntad para cumplirla, despojando nuestro corazón de todo amor a las criaturas. Y siempre que algún bien mundano se presente a nuestra imaginación para solicitar nuestro amor, estemos preparados con esta respuesta: "He despreciado el reino de este mundo y todos los encantos de esta vida por amor de mi Señor Jesucristo"[18] ¿Y qué otra cosa son todas las dignidades y grandezas de este mundo sino humo, inmundicia y vanidad, que todo desaparece con la muerte? Dichoso el que puede decir: "Jesús mío, todo lo he dejado por tu amor; Tú eres mi único amor; sólo Tú me bastas".

Ah, una vez que el amor de Dios toma plena posesión de un alma, ella por su propia voluntad (suponiendo siempre, por supuesto, la asistencia de la gracia divina) se esfuerza por despojarse de todo lo que podría resultar un obstáculo para su pertenencia totalmente a Dios. San Francisco de Sales comenta que cuando una casa se incendia, todos los muebles son arrojados por la ventana;[19] queriendo decir con esto, que cuando una persona se entrega enteramente a Dios, no necesita la persuasión de predicadores o confesores, sino que por su propia voluntad busca deshacerse de todo afecto terrenal. El Padre Segneri el más joven llamó al amor divino un ladrón, que felizmente nos despoja de todo, para que podamos entrar en posesión sólo de Dios. Cierto hombre, de respetable posición en la vida, habiendo renunciado a todo para hacerse pobre por amor de Jesucristo, fue interrogado por un amigo sobre cómo había caído en tal estado de pobreza; sacó de su bolsillo un pequeño volumen de los Evangelios, y dijo: "He aquí, esto es lo que me ha despojado de todo". Y cuando un alma fija todo su amor en Dios, desprecia todo, riquezas, placeres, dignidades, territorios, reinos, y todo su anhelo va tras Dios solo; dice una y otra vez: "Dios mío, sólo Te deseo a Ti, y nada más". San Francisco de Sales escribe:[21] "El puro amor de Dios consume todo lo que no es Dios, para convertirlo todo en sí mismo; porque todo lo que hacemos por amor de Dios es amor."

El Sagrado Esposo dijo: Me metió en la bodega del vino, puso en orden en mí la caridad[22] Esta bodega del vino, escribe Santa Teresa, es el amor divino, que, al tomar posesión de un alma, la embriaga tan perfectamente que la hace olvidarse de todo lo creado. Una persona embriagada está, por decirlo así, muerta en sus sentidos; no ve, ni oye, ni habla; y así le sucede al alma embriagada de amor divino. Ya no tiene sentido de las cosas del mundo; sólo quiere pensar en Dios, hablar sólo de Dios; no reconoce otro motivo en todas sus acciones que amar y agradar a Dios. En los Cánticos sagrados el Señor les prohíbe despertar a su amada, que duerme: Este sueño bienaventurado de que gozan las almas desposadas con Jesucristo, dice San Basilio, no es otra cosa que "el olvido absoluto de todas las cosas"[24], un olvido virtuoso y voluntario de todo lo creado, para ocuparse únicamente de Dios y poder exclamar con San Francisco: "Dios mío y todo mío"[25] ¡Dios mío, qué son las riquezas, las dignidades y los bienes del mundo comparados contigo! Tú eres mi todo y todos mis bienes. "Dios mío y mi todo". Thomas à Kempis escribe:[26]

"¡Oh, dulce palabra! Habla bastante para el que la entiende; y para el que la ama, es deliciosísima repetirla una y otra vez: Dios mío y todo mío, Dios mío y todo mío".

Desprendimiento de los parientes, sobre todo, respecto a la propia vocación

Por tanto, para llegar a la unión perfecta con Dios, es absolutamente necesario un desprendimiento total de las criaturas. Y para llegar a lo particular, debemos despojarnos de todo afecto desmedido hacia los parientes. Jesucristo dice: Si alguno viene a Mí y no aborrece a su padre y a su madre, a su mujer y a sus hijos, a sus hermanos y a sus hermanas, y aun también su propia vida, no puede ser Mi discípulo[27]. Y ¿por qué este odio a los parientes? porque generalmente, en lo que se refiere a los intereses del alma, no podemos tener mayores enemigos que nuestra propia parentela: Y los enemigos del hombre serán los de su propia casa[28]. San Carlos Borromeo declaraba que nunca iba a hacer una visita a su familia sin volver refrescado en fervor. Y cuando le preguntaron al padre Antonio Mendoza por qué se negaba a entrar en casa de sus padres, respondió: "Porque sé, por experiencia, que en ninguna parte se disipa tanto la devoción de la religión como en casa de los padres."

Cuando, además, se trata de la elección de un estado de vida, es cierto que no estamos obligados a obedecer a nuestros padres, según la doctrina de Santo Tomás de Aquino[29]. Si un joven es llamado a la vida religiosa, y encuentra la oposición de sus padres, está obligado a obedecer a Dios, y no a sus padres, quienes, como dice el mismo Santo Tomás, con vistas a sus propios intereses y fines privados, se interponen en el camino de nuestro bienestar espiritual. "Y se contentan, dice San Bernardo,[31] con que sus hijos vayan a la perdición eterna, antes que salir de casa. Es sorprendente, en esta materia, ver a algunos padres y madres, aunque temerosos de Dios, pero tan cegados por un cariño equivocado, que emplean todos los esfuerzos, y agotan todos los medios, para impedir la vocación de un hijo que desea hacerse religioso. Esta conducta, sin embargo (salvo rarísimos casos), no puede excusarse de pecado grave.

Pero alguien puede decir: ¿Y si tal joven no se hace religioso, no puede salvarse? ¿Son, entonces, náufragos todos los que permanecen en el mundo? Yo respondo: Aquellos a quienes Dios no llama a la religión pueden salvarse en el mundo cumpliendo los deberes de su estado; pero aquellos que son llamados del mundo, y no obedecen a Dios, pueden, ciertamente, posiblemente salvarse; pero se salvarán con dificultad, porque se verán privados de aquellas ayudas que Dios les había destinado en la religión, y a falta de las cuales no lograrán su salvación. El teólogo Habert escribe que quien desobedece a su vocación permanece en la Iglesia como un miembro descoyuntado, y no puede cumplir con su deber sin el mayor dolor; y así difícilmente logrará su salvación. De donde saca esta conclusión: "Aunque, en términos absolutos, puede salvarse, se pondrá en camino y empleará los medios de salvación con dificultad"[32].

La elección de un estado de vida es comparada por el Padre Lewis de Granada con el muelle de un reloj: si el muelle se rompe, todo el reloj se estropea; y lo mismo vale para nuestra salvación: si el estado de vida se estropea, toda la vida se estropea también. ¡Ay, cuántos pobres jóvenes han perdido su vocación por culpa de sus padres, y después han tenido un mal fin, y ellos mismos han sido la ruina de su familia! Hubo un joven que perdió su vocación religiosa por instigación de su padre; pero con el tiempo, concibiendo una gran aversión a este mismo padre, lo mató con su propia mano, y fue ejecutado por el crimen. Otro joven, mientras proseguía sus estudios en el seminario, también fue llamado por Dios a dejar el mundo; desatento a su vocación, primero abandonó la vida devota que llevaba, la oración, la Santa Comunión, etc.; luego se entregó al vicio; y finalmente, cuando una noche salía de una casa de mala fama, donde había estado, fue asesinado por su rival. Varios sacerdotes corrieron al lugar, pero lo encontraron ya muerto. Y, ¡oh, qué triste catálogo de ejemplos semejantes podría añadir aquí!

Pero volvamos a nuestro tema. Santo Tomás aconseja a los llamados a una vida más perfecta que no sigan el consejo de sus padres, porque en tal caso serían sus enemigos[33] Y si los hijos no están obligados a seguir el consejo de sus padres sobre su vocación, menos obligación tienen de pedirles o esperar su permiso, sobre todo cuando tienen motivos para temer que les nieguen injustamente su consentimiento o les impidan cumplir sus designios. Santo Tomás de Aquino, San Pedro de Alcántara, San Francisco Javier, San Luis Bertrán, y muchos otros, abrazaron el estado religioso sin siquiera dar conocimiento a sus padres.

Santidad requerida para entrar en las Órdenes Sagradas

Una vez más, hay que observar que así como estamos muy expuestos a perdernos cuando para agradar a nuestros parientes no seguimos la vocación divina, así también ponemos en peligro nuestra salvación cuando para no desagradarlos abrazamos el estado eclesiástico sin ser llamados a él por Dios. Ahora bien, la verdadera vocación a esta sublime dignidad se distingue por tres signos, a saber: la ciencia requerida, la intención de aplicarse sólo al servicio de Dios y la bondad positiva de vida. Aquí hablaremos sólo de esta última condición.

El Concilio de Trento ha prescrito a los obispos elevar a las Sagradas Órdenes sólo a aquellos cuya conducta irreprochable haya sido probada[34], norma que el Derecho Canónico ya había establecido[35]. Aunque esto se entiende directamente de la prueba externa que el obispo debe tener respecto a la conducta irreprochable de los aspirantes al sacerdocio, sin embargo, no se puede dudar de que el Concilio exige no sólo la irreprochabilidad externa, sino, con mayor razón, la irreprochabilidad interior, sin la cual la primera sería ilusoria. El Concilio añade también que sólo deben ser admitidos a las Sagradas Órdenes aquellos que se muestren dignos por una sabia madurez[36]. Sabemos, además, que el Concilio prescribe para este fin el mantenimiento de los intersticios, es decir, de un intervalo de tiempo entre los diversos grados de las Sagradas Órdenes[37].

Santo Tomás da una razón para tal regulación: es ésta, que al recibir las Sagradas Órdenes uno está destinado al ministerio más sublime, -el de servir a Jesucristo en el Sacramento del Altar. De ahí que el Doctor Angélico añada que la santidad de los eclesiásticos debe superar a la de los religiosos[38]. En otro lugar explica que la santidad se exige no sólo en los que son ordenados, sino también en el sujeto que se presenta para ser admitido a las Sagradas Órdenes, y muestra la diferencia que existe a este respecto entre el estado religioso y el eclesiástico. En efecto, en la religión uno se purifica de sus vicios, mientras que para recibir las Sagradas Órdenes es necesario haber llevado ya una vida pura y santa[39]. El santo Doctor dice también en otro lugar que los candidatos a las Sagradas Órdenes deben elevarse por encima de los simples fieles tanto por su virtud como por la dignidad de sus funciones[40]. Y este mérito lo exige antes de la ordenación, pues lo llama necesario no sólo para ejercer bien las funciones eclesiásticas, sino también para ser dignamente admitido entre el número de los ministros de Jesucristo[41] Finalmente concluye con estas palabras: En la recepción del sacramento del Orden, los candidatos reciben una efusión más abundante de gracia, para estar así en condiciones de avanzar hacia una perfección más elevada"[42]. "Con estas últimas palabras, "para llegar a una perfección más alta", el santo declara que la gracia del sacramento, lejos de ser inútil, dispondrá al sujeto, por un aumento de fuerzas, a obtener méritos aún mayores; pero expresa, al mismo tiempo, cuán necesario es que el candidato se prepare en un estado de gracia suficiente para que pueda ser juzgado digno de entrar en el santuario.

En mi Teología Moral[43] he dado sobre este punto una larga disertación para establecer que no pueden ser excusados del pecado mortal aquellos que sin haber sido suficientemente probados por una vida santa reciben una Sagrada Orden; ya que se elevan a este sublime estado sin una vocación divina; pues no se puede considerar como llamados por Dios a aquellos que todavía no han logrado vencer un mal hábito, especialmente el hábito de ofender a la castidad. Y si entre ellos se encontrase alguno dispuesto por el arrepentimiento a recibir el sacramento de la penitencia, no estaría, sin embargo, en condiciones de recibir las sagradas órdenes, porque en su caso debe manifestarse más santidad de vida durante una larga prueba. De lo contrario, el candidato no estaría exento de pecado mortal por la grave presunción de querer inmiscuirse en el santo ministerio sin vocación. De ahí que San Anselmo diga: "Los que así se introducen en las Sagradas Órdenes y sólo tienen en vista sus propios intereses son ladrones que se arrogan la gracia de Dios; en lugar de la bendición recibirían la maldición de Dios"[44]. "Como observa el obispo Abelly, se expondrían al gran peligro de perderse para siempre: "Quien deliberadamente y sin preocuparse de si tiene o no vocación se lanzara al sacerdocio, sin duda se expondría claramente a la perdición eterna"[45] Soto sostiene la misma opinión cuando afirma, al hablar del sacramento del Orden, que la santidad positiva en el candidato es de precepto divino: "Ciertamente", dice, "esta santidad no es esencial al sacramento, aunque es del todo necesaria por precepto divino. ... Ahora bien, la santidad que debe caracterizar a los candidatos a las Sagradas Órdenes no consiste en la disposición general requerida para la recepción de los otros sacramentos, y suficiente para que el sacramento no sea impedido. Pues en el sacramento del Orden no sólo se recibe la gracia, sino que se es elevado a un estado mucho más sublime. De ahí que en los candidatos deba haber gran pureza de vida y virtud perfecta"[46] De la misma opinión son Tomás Sánchez, Holzmann, la escuela de Salamanca. Por lo tanto, lo que he adelantado no es sólo la opinión de un teólogo, sino que es la enseñanza común basada en lo que enseña Santo Tomás.

Si alguien recibiera las Sagradas Órdenes sin haber llevado la buena vida requerida, no sólo él mismo cometería un pecado mortal, sino también el obispo que se las confiere sin haber estado moralmente seguro, con pruebas suficientes, de la buena conducta del candidato. También el confesor sería culpable de pecado mortal, porque da la absolución a quien, adicto a un mal hábito, desea ser ordenado sin haber dado pruebas durante un tiempo considerable de una vida positivamente buena. Finalmente, los padres también pecan gravemente porque, aun conociendo la mala conducta de su hijo, tratan de inducirlo a tomar las Sagradas Órdenes para que después se convierta en el sostén de la familia.

Jesucristo instituyó el estado eclesiástico, no para ayudar a las casas de los seculares, sino para promover la gloria de Dios y la salvación de las almas. Algunos se imaginan que el estado eclesiástico es un empleo u oficio honorable y remunerador; pero se engañan a sí mismos. Por eso, cuando los padres piden al obispo que ordene a uno de sus hijos que es ignorante y cuya conducta ha sido mala, alegando que su familia es pobre y que no saben cómo salir de otra manera de su situación embarazosa, el obispo debe decirles: Esto no puedo hacerlo; el estado eclesiástico no está establecido para dar asistencia a las familias pobres, sino para promover el bien de la iglesia. Deben ser despedidos sin escucharlos más; porque tales personas ordinariamente traen la ruina no sólo a sus propias almas, sino a su familia y a su país.

En cuanto a los sacerdotes que viven con sus padres, si se les solicita que se ocupen menos de las funciones de su ministerio que de los intereses y adelanto de sus familias, deberían responder lo que Jesucristo dijo un día, para nuestra propia edificación, a su santa madre: Yo soy sacerdote; mi deber no es amasar riquezas y procurarme honores, ni gobernar la casa, sino vivir retirado, meditar, estudiar y trabajar por la salvación de las almas. Cuando es absolutamente necesario ayudar a la familia, se debe hacer todo lo posible sin descuidar el cuidado principal, que es aplicarse a la propia santificación y a la de los demás.

Desprendimiento del respeto humano y de la voluntad propia

Además, quien quiera pertenecer enteramente a Dios debe estar libre de todo respeto humano. ¡Oh, a cuántas almas aleja de Dios este maldito respeto, e incluso las separa de Él para siempre! Por ejemplo, si oyen mencionar alguno de sus defectos, ¡oh, qué no hacen para justificarse y convencer al mundo de que es una calumnia! Si realizan alguna buena obra, ¡cuán industriosos son para hacerla circular por todas partes! Quieren darla a conocer al mundo entero, para que sea universalmente aplaudida. Los santos se comportan de un modo muy diferente: prefieren publicar sus defectos a todo el mundo, para pasar a los ojos de todos por las miserables criaturas que realmente son a sus propios ojos; y, por el contrario, al practicar cualquier acto de virtud, prefieren que sólo Dios lo conozca; pues su único cuidado es serle aceptables. Es por esto que muchos de ellos estaban encantados con la soledad, conscientes, como estaban, de las palabras de Jesucristo: Cuando des limosna, que tu mano izquierda no sepa lo que hace la derecha[48]: Pero tú, cuando ores, entra en tu aposento y, cerrada la puerta, ora a tu Padre en secreto[49].

Pero de todas las cosas, el desprendimiento de sí mismo es la más necesaria; es decir, el desprendimiento de la voluntad propia. Una sola vez que logres dominarte a ti mismo, triunfarás fácilmente en todos los demás combates. Vince teipsum, "Conquístate a ti mismo", fue la máxima que San Francisco Javier inculcó a todos. Y Jesucristo dijo: Si alguno quiere venir en pos de Mí, niéguese a sí mismo.[50] He aquí en pequeño compás todo lo que necesitamos practicar para llegar a ser santos; negarnos a nosotros mismos, y no seguir nuestra propia voluntad: Y ésta es la mayor gracia, decía San Francisco de Asís, que podemos recibir de Dios: el poder de vencernos a nosotros mismos negando nuestra propia voluntad. San Bernardo escribe que si todos los hombres resistieran a la voluntad propia, ninguno se condenaría jamás: "Que cese la voluntad propia, y no habrá infierno"[52] El mismo santo escribe que el efecto nefasto de la voluntad propia es contaminar incluso nuestras buenas obras: "Como, por ejemplo, si un penitente se obstinara en mortificarse, o en ayunar, o en tomar la disciplina contra la voluntad de su director; vemos que este acto de penitencia, hecho a instigación de la voluntad propia, se vuelve muy defectuoso.

Desdichado el hombre que vive esclavo de su propia voluntad, porque anhelará muchas cosas y no las poseerá, mientras que, por otra parte, se verá obligado a sufrir muchas cosas desagradables y amargas a sus inclinaciones: ¿De dónde vienen las guerras y las contiendas entre vosotros? ¿No vienen de ahí? ¿De vuestras concupiscencias, que combaten en vuestros miembros? Codiciáis y no tenéis.[54] La primera guerra proviene del apetito de los deleites sensuales. Quitemos la ocasión; mortifiquemos los ojos; encomendémonos a Dios, y la guerra habrá terminado. La segunda guerra nace de la codicia de las riquezas: cultivemos el amor a la pobreza, y esta guerra cesará. La tercera guerra tiene su origen en la búsqueda ambiciosa de honores: amemos la humildad y la vida oculta, y también esta guerra cesará. La cuarta guerra, y la más ruinosa de todas, proviene de la voluntad propia: practiquemos la resignación en todas las cosas que suceden por voluntad de Dios, y cesará la guerra. San Bernardo nos dice que siempre que vemos a una persona turbada, el origen de su turbación no es otro que su incapacidad para satisfacer la voluntad propia. "¿De dónde viene la inquietud -dice el santo-, sino de que seguimos la voluntad propia?"[55] Nuestro Santísimo Señor se quejó una vez de esto a Santa María Magdalena de Pazzi, con estas palabras: "Ciertas almas desean mi Espíritu, pero según su propia fantasía; y así se vuelven incapaces de recibirlo".

Debemos, pues, amar a Dios de la manera que a Dios le agrada, y no de la que nos agrada a nosotros. Dios quiere que el alma se despoje de todo, para unirse a Él y ser colmada de su divino amor. Santa Teresa [56] escribe lo siguiente: "La oración de unión no me parece otra cosa que morir del todo, por decirlo así, a todas las cosas de este mundo, para gozar sólo de Dios. Una cosa es cierta, que cuanto más completamente nos vaciemos de las criaturas, desprendiéndonos de ellas por amor a Dios, tanto más abundantemente nos llenará Él de sí mismo, y tanto más estrechamente estaremos unidos a Él." Muchas personas espirituales quisieran llegar a la unión con Dios; pero entonces no desean las contrariedades que Dios les envía: se inquietan por tener que sufrir por la mala salud, por la pobreza, por las afrentas; pero, por falta de resignación, nunca llegarán a la perfecta unión con Dios. Oigamos lo que decía santa Catalina de Génova: "Para llegar a la unión con Dios, las contrariedades que Dios nos envía son absolutamente necesarias; su propósito es, consumir en nosotros, por medio de ellas, todos los movimientos irregulares, tanto interiores como exteriores. Y de aquí que todos los desprecios, achaques, pobreza, tentaciones y otras pruebas, sean indispensables para darnos la oportunidad de luchar; para que así, por el camino de la victoria, podamos finalmente extinguir todos los movimientos desordenados, para no ser más sensibles a ellos; además, hasta que no empecemos a encontrar las contradicciones dulces por amor de Dios, en lugar de amargas, nunca llegaremos a la unión divina."

Aquí subjunto la práctica de la misma, enseñada por San Juan de la Cruz. Dice el santo que, para perfeccionar la unión, "es menester una completa mortificación de los sentidos y de los apetitos. Por parte de los sentidos, todo gusto que se les presente, si no es puramente para la gloria de Dios, debe ser inmediatamente rechazado por amor a Jesucristo; por ejemplo, si tienes deseo de ver u oír algo que de ningún modo conduce a la mayor gloria de Dios, abstente de ello. En cuanto a los apetitos también, procurad obligaros a elegir siempre lo peor, lo más desagradable o lo más pobre, sin fomentar otro deseo que el de sufrir y ser despreciado"[57].

En una palabra, el que ama verdaderamente a Jesucristo pierde todo afecto por las cosas de la tierra, y procura despojarse de todo, para mantenerse unido sólo a Jesucristo. Jesús es el objeto de todos sus deseos, Jesús el sujeto de todos sus pensamientos; por Jesús suspira continuamente; en todo lugar, en todo tiempo, en toda ocasión, su único fin es dar gusto a Jesús. Pero para llegar a este punto, hay que estudiar sin cesar para librar el corazón de todo afecto que no sea para Dios. Y yo pregunto: ¿qué significa entregar el alma enteramente a Dios? Significa, en primer lugar, rehuir todo lo que pueda desagradar a Dios, y hacer lo que más le agrada; en segundo lugar, significa aceptar sin reservas todo lo que viene de sus manos, por duro o desagradable que sea; significa, en tercer lugar, dar preferencia en todas las cosas a la voluntad de Dios sobre la nuestra: esto es lo que significa pertenecer enteramente a Dios.

Afectos y oraciones.

¡Ah, Dios mío y todo mío! No puedo dejar de sentir que, a pesar de toda mi ingratitud y negligencia en tu servicio, Tú todavía me invitas a amarte. Contémplame, pues; no te resistiré más. Dejaré todo para ser enteramente Tuyo. No viviré más para mí mismo: Tus pretensiones sobre mi amor son demasiado fuertes. Mi alma está enamorada de Ti; Jesús mío, suspira por Ti. ¿Y cómo podría amar otra cosa, después de verte morir de sufrimientos en una cruz para salvarme? ¿Cómo podría contemplarte muerto, y exhausto de tormentos, y no amarte con todo mi corazón? Sí, te amo con toda mi alma, y no tengo otro deseo que amarte en esta vida y por toda la eternidad. Amor mío, esperanza mía, valor mío y consuelo mío, dame fuerzas para serte fiel; ilumíname y hazme saber de qué debo desprenderme; dame también la firme voluntad de obedecerte en todo. ¡Amor de mi alma! Me ofrezco y me entrego enteramente para satisfacer el deseo que Tú tienes de unirte a mí, para que yo pueda estar enteramente unido a Ti, mi Dios y mi todo. Oh, ven pues, Jesús mío; ven y toma posesión de todo mi ser, y ocupa todos mis pensamientos y todos mis afectos. Renuncio a todos mis apetitos, a todas mis comodidades y a todas las cosas creadas; sólo Tú me bastas. Concédeme la gracia de no pensar más que en Ti, de no desear más que a Ti, de no buscar más que a Ti, mi amado y mi único bien.

Oh María, Madre de Dios, ¡obtén para mí la santa perseverancia!

LA CARIDAD NO PROVOCA LA IRA

EL QUE AMA A JESUCRISTO NUNCA SE ENFADA CON SU PRÓJIMO

La virtud de no enojarse por las contrariedades que nos suceden es hija de la mansedumbre. Ya hemos hablado extensamente de los actos que pertenecen a la mansedumbre en los capítulos precedentes; pero como ésta es una virtud que requiere ser practicada constantemente por todos los que viven entre sus semejantes, haremos aquí algunas observaciones sobre el mismo tema más en particular y más adaptadas a la práctica.

La humildad y la mansedumbre fueron las virtudes predilectas de Jesucristo, por lo que ordenó a sus discípulos que aprendieran de él a ser mansos y humildes: Aprended de Mí, que soy manso y humilde de corazón[1]. Nuestro Redentor fue llamado el Cordero -He aquí el Cordero de Dios[2]-, tanto por el hecho de tener que ser ofrecido en sacrificio en la cruz por nuestros pecados, como por la mansedumbre que mostró durante toda su vida, pero más especialmente en el momento de su Pasión. Estando en casa de Caifás recibió un golpe de aquel siervo, que al mismo tiempo le reprendió por presunción con estas palabras: ¿Así respondes al sumo sacerdote? Jesús se limitó a responder: Si he hablado mal, da testimonio del mal; pero si bien, ¿por qué me golpeas?[3] Observó la misma invariable mansedumbre de conducta hasta la muerte. Mientras estaba en la cruz y era objeto del escarnio y la blasfemia universal, sólo suplicó al Padre Eterno que los perdonara: Padre, perdónalos, porque no saben lo que hacen[4].

Oh, cuán queridas son a Jesucristo aquellas almas mansas que, al sufrir afrentas, burlas, calumnias, persecuciones y aun castigos y golpes, no se irritan contra quien así las injuria o golpea: La oración de los mansos siempre te ha complacido[5] Dios siempre se complace en las oraciones de los mansos; es decir, sus oraciones siempre son escuchadas. A los mansos se les promete expresamente el cielo: Bienaventurados los mansos, porque ellos poseerán la tierra[6]. El Padre Álvarez decía que el paraíso es la patria de los despreciados y perseguidos y pisoteados, Sí, porque para ellos está reservada la posesión del reino eterno, y no para los soberbios, que son honrados y estimados por el mundo. David declara que los mansos no sólo heredarán la felicidad eterna, sino que también gozarán de gran paz en la vida presente: Los mansos heredarán la tierra, y gozarán de abundancia de paz[7]. Es así, porque los santos no abrigan malicia contra los que los maltratan, sino que los aman más; y el Señor, en recompensa de su paciencia, les da un aumento de paz interior. Santa Teresa decía: "Parece que experimento un renovado amor hacia las personas que hablan mal de mí"[8], lo que dio ocasión a la Sagrada Congregación para decir de la Santa que "hasta las mismas afrentas le proporcionaban el alimento de la caridad"[9], convirtiéndose las ofensas en un nuevo motivo para amar a la persona que la había ofendido. Nadie puede tener una mansedumbre como ésta, si no tiene una gran humildad y una baja opinión de sí mismo, para considerarse digno de toda clase de desprecios; y por eso vemos, al contrario, que los soberbios son siempre irritables y vengativos, porque tienen un alto concepto de sí mismos, y se estiman dignos de todo honor.

Bienaventurados los muertos que mueren en el Señor[10]. Es necesario, en efecto, morir en el Señor para ser bienaventurados, y para gozar de esa bienaventuranza aun en la vida presente: queremos decir, de la felicidad que se puede tener antes de entrar en el cielo, la cual, aunque ciertamente muy inferior a la del cielo, supera con mucho todos los placeres del sentido en este mundo: Y la paz de Dios, que sobrepasa todo entendimiento, guarde vuestros corazones[11]; así escribió el Apóstol a sus discípulos. Pero para conseguir esta paz, aun en medio de afrentas y calumnias, es preciso estar muerto en el Señor: un muerto, por más que sea maltratado y pisoteado por los demás, no se resiente; del mismo modo, el que es manso, como un cuerpo muerto, que ya no ve ni siente, debe soportar todos los ultrajes que se cometan contra él. Quien ama de corazón a Jesucristo, fácilmente llega a esto; porque, como se conforma en todo a su voluntad, acepta con igual serenidad y paz de ánimo los sucesos prósperos y los adversos, los consuelos y las aflicciones, las injurias y las cortesías. Tal fue la conducta del Apóstol; y dice, por tanto: Sobreabundo de gozo en todas nuestras tribulaciones[12] ¡Oh, feliz el hombre que llega a este punto de virtud! Goza de paz continua, que es un tesoro precioso más allá de todos los demás bienes de este mundo. San Francisco de Sales dijo: "¿De qué vale el universo entero en comparación con la paz del corazón?"[13] Y, en verdad, ¿de qué le sirven todas las riquezas y todos los honores del mundo a un hombre que vive inquieto y cuyo corazón no está en paz?".

En resumen, para permanecer constantemente unidos a Jesucristo, debemos hacerlo todo con tranquilidad, y no turbarnos ante ninguna contradicción que podamos encontrar. El Señor no habita en los corazones turbados[14]. Escuchemos las hermosas lecciones que sobre este tema nos dio aquel maestro de mansedumbre que fue San Francisco de Sales: "No te pongas nunca en cólera, ni abras la puerta a la ira con cualquier pretexto que sea; porque, una vez que ha conseguido entrar, ya no está en nuestro poder desterrarla, o moderarla, cuando queremos hacerlo. Los remedios contra ella son: 1. Detenerlo inmediatamente, desviando la mente hacia algún otro objeto y sin pronunciar palabra. 2. Imitar a los Apóstoles cuando contemplaban la tempestad en el mar, y recurrir a Dios, a quien corresponde devolver la paz al alma. 3. Si sientes que, debido a tu debilidad, la cólera ya ha hecho pie en tu pecho, en ese caso hazte violencia para recobrar la compostura, y luego trata de hacer actos de humildad y de dulzura hacia la persona contra la que estás irritado; pero todo esto debe hacerse con dulzura y sin violencia, pues es de suma importancia no irritar las heridas. "[15] El santo dijo que él mismo se vio obligado a trabajar mucho durante su vida para vencer dos pasiones que predominaban en él, a saber, la ira y el amor: para dominar la pasión de la ira, confesó que le había costado veintidós años de dura lucha. En cuanto a la pasión del amor, había conseguido cambiar su objeto, abandonando las criaturas y dirigiendo todo su afecto a Dios. Y de este modo el santo adquirió una paz interior tan grande, que era visible incluso en su exterior; pues se le veía invariablemente con el semblante sereno y una sonrisa en sus facciones.

¿De dónde vienen las guerras? ... ¿No provienen de vuestra concupiscencia?[16] Cuando nos enfadamos por alguna contradicción, pensamos que encontraremos alivio y sosiego dando rienda suelta a nuestra ira con acciones, o al menos con palabras: pero nos equivocamos, no es así; pues después de haberlo hecho, descubriremos que estamos mucho más perturbados que antes. Quien desee perseverar en una paz ininterrumpida, debe guardarse de ceder jamás al mal humor. Y siempre que alguien se sienta atacado por este mal humor, debe hacer todo lo posible para desterrarlo inmediatamente; y no debe ir a descansar con él en su corazón, sino que debe distraerse de él leyendo algún libro, cantando algún cántico devoto, o conversando sobre algún tema agradable con un amigo, El Espíritu Santo dice: La ira permanece mucho tiempo en el corazón de los necios, que tienen poco amor a Jesucristo; pero si a hurtadillas entra alguna vez en el corazón de los verdaderos amantes de Jesucristo, es rápidamente desalojada y no permanece. Un alma que ama cordialmente al Redentor nunca se siente de mal humor, porque, como sólo desea lo que Dios desea, tiene todo lo que desea, y por consiguiente está siempre tranquila y bien equilibrada. La voluntad divina la tranquiliza en todas las desgracias que ocurren; y así, siempre es capaz de observar mansedumbre hacia todos. Pero no podemos adquirir esta mansedumbre sin un gran amor a Jesucristo. En efecto, sabemos por experiencia que no somos más mansos y gentiles con los demás, sino cuando sentimos una ternura acrecentada hacia Jesucristo.

Pero como no podemos experimentar constantemente esta ternura, debemos prepararnos, en nuestra oración mental, para soportar las cruces que puedan sobrevenirnos. Esta era la práctica de los santos; y así estaban siempre dispuestos a recibir con paciencia y mansedumbre injurias, golpes y castigos. Cuando nos encontramos con un insulto de nuestro prójimo, a menos que nos hayamos entrenado con frecuencia de antemano, nos resultará extremadamente difícil saber qué curso tomar, a fin de no ceder a la fuerza de la ira; en el mismo momento, nuestra pasión hará que sea ap pear pero razonable para nosotros replicar con audacia la audacia de la persona que nos afrenta, pero San. Juan Crisóstomo dice que no es el camino correcto apagar el fuego que está ardiendo en la mente de nuestro prójimo con el fuego de una respuesta indignada; hacerlo sólo lo encenderá más: "Un fuego no se apaga con otro"[18].

Alguien puede decir: ¿Pero por qué debo usar la cortesía y la gentileza con un compañero impertinente, que me insulta sin causa? Pero San Francisco de Sales responde: "Debemos practicar la mansedumbre, no sólo con la razón, sino contra la razón"[19].

Por lo tanto, debemos esforzarnos, en tales ocasiones, por dar una respuesta amable; y de esta manera aplacaremos el fuego: Pero cuando la mente está turbada, lo mejor será guardar silencio. San Bernardo escribe: "El ojo turbado por la cólera no ve derecho"[21] Cuando el ojo está oscurecido por la pasión, ya no distingue entre lo que es injusto y lo que no lo es; la cólera es como un velo que cubre los ojos, de modo que ya no podemos discernir entre el bien y el mal; por eso debemos, como San Francisco de Sales, hacer un pacto con nuestra lengua: "He hecho un pacto con mi lengua", escribió, "para no hablar nunca mientras mi corazón esté turbado".

Pero hay momentos en que parece necesario frenar la insolencia con palabras severas. David dijo: Por lo tanto, existen ocasiones en las que podemos enojarnos legítimamente, siempre que sea sin pecado. Pero aquí está la cuestión: especulativamente hablando, parece conveniente a veces hablar y responder a algunas personas en términos de severidad, con el fin de hacer una impresión en ellos; pero en la práctica es muy difícil hacer esto sin alguna falta de nuestra parte; por lo que el camino seguro es siempre amonestar, o responder, con dulzura, y guardar escrupulosamente contra todo resentimiento. San Francisco de Sales dijo: "Nunca me he enojado sin después arrepentirme de ello". Y cuando, por una u otra razón, todavía nos sentimos acalorados, el camino más seguro, como dije antes, es guardar silencio, y reservar la reconvención para un momento más conveniente, cuando el corazón se haya enfriado.

Particularmente debemos observar esta mansedumbre cuando somos corregidos por nuestros Superiores o amigos. San Francisco de Sales escribe de nuevo: "Recibir una reprimenda de buena gana, muestra que amamos la virtud opuesta a la falta por la cual somos corregidos; y consecuentemente, este es un gran signo de progreso en la perfección"[23].

Debemos, además, practicar la mansedumbre con nosotros mismos. Es un engaño del demonio, hacernos considerar como una virtud el enojarnos con nosotros mismos por haber cometido alguna falta; lejos de ello, es un ardid del enemigo para mantenernos en un estado de turbación, a fin de que seamos ineptos para la realización de cualquier bien. San Francisco de Sales dijo: "Ten por cierto que todos los pensamientos que crean inquietud no provienen de Dios, que es el Príncipe de la paz, sino que proceden del demonio, o del amor propio, o de la buena opinión que tenemos de nosotros mismos. Estas son las tres fuentes de las que brotan todos nuestros problemas. Por lo tanto, cuando surgen pensamientos que nos meten en problemas, debemos rechazarlos y despreciarlos inmediatamente"[24].

La mansedumbre es también especialmente necesaria cuando debemos corregir a los demás. Las correcciones hechas con celo amargo a menudo hacen más mal que bien, especialmente cuando el que debe ser corregido está él mismo excitado: en tales casos la corrección debe posponerse, y debemos esperar a que se calme. Y nosotros mismos debemos abstenernos de corregir cuando estamos bajo la influencia del mal genio; porque entonces nuestra amonestación irá siempre acompañada de dureza; y la persona en falta, cuando vea que se le corrige de tal modo, no hará caso de la amonestación, considerándola como mero efecto de la pasión. Esto vale en cuanto se refiere al bien de nuestro prójimo; en cuanto a nuestro provecho personal, demostremos cuánto amamos a Jesucristo, soportando con paciencia y alegría toda clase de malos tratos, injurias y desprecios.

Afectos y oraciones.

¡Oh Jesús mío despreciado, oh amor, oh alegría de mi alma, que con tu ejemplo has hecho el desprecio más aceptable a tus amantes! Te prometo, desde hoy en adelante, someterme a toda afrenta por amor a Ti, que por amor a mí te sometiste en la tierra a toda especie de ultraje por parte de los hombres. Concédeme la fuerza para cumplir esta promesa. Permíteme conocer y realizar todo lo que Tú desees de mis manos. Dios mío y todo mío, no deseo otro bien que a Ti mismo, que eres infinitamente bueno. Tú, que tanto te preocupas por mis intereses, haz que mi única preocupación sea complacerte. Haz que todos mis pensamientos se ocupen en evitar todo lo que pueda ofenderte y en promover todo lo que pueda contribuir a tu complacencia. Aleja de mí toda ocasión que pueda apartarme de Tu amor. Me despojo de mi libertad y la consagro enteramente a tu buena voluntad. Te amo, bondad infinita. Te amo, ¡oh delicia mía! ¡Oh Verbo encarnado, te amo más que a mí mismo! Apiádate de mí y cura todas las heridas que quedan en mi pobre alma por sus pasadas deslealtades hacia Ti. Me entrego enteramente en Tus brazos, oh Jesús mío; seré enteramente Tuyo; sufriré todo por amor a Ti; y no te pido nada más que a Ti mismo. Oh Virgen Santa y Madre mía, María, te amo y confío en ti; ¡socórreme con tu poderosa intercesión!

LA CARIDAD NO PIENSA MAL, NO SE ALEGRA DE LA INIQUIDAD, SINO QUE SE ALEGRA CON LA VERDAD

EL QUE AMA A JESUCRISTO SÓLO DESEA LO QUE JESUCRISTO DESEA

La caridad y la verdad van siempre unidas; de modo que la caridad, consciente de que Dios es el único y verdadero bien, detesta la iniquidad, que se opone directamente a la voluntad divina, y no se satisface sino en lo que agrada a Dios Todopoderoso. De ahí que el alma que ama a Dios se despreocupa de lo que los hombres digan de ella, y sólo se propone agradar a Dios. El Beato Enrique Suso dijo: "Aquel hombre está bien con Dios que se esfuerza por conformarse con la verdad, y por lo demás es completamente indiferente a la opinión o trato de la humanidad".

Como ya hemos afirmado más de una vez, la santidad y perfección de un alma consiste en la renuncia a sí misma y en la sumisión a la voluntad de Dios; pero ahora convendrá entrar más en detalle.

I.

Necesidad de conformarse a la voluntad de Dios.

Si, pues, queremos llegar a ser santos, todo nuestro empeño debe consistir en no seguir nunca nuestra propia voluntad, sino siempre la voluntad de Dios; la sustancia de todos los preceptos y consejos divinos consiste en hacer y sufrir lo que Dios quiere, y de la manera que él lo quiere. Supliquemos, pues, al Señor que nos conceda una santa libertad de espíritu; la libertad de espíritu nos lleva a abrazar todo lo que es agradable a Jesucristo, sin tener en cuenta todos los sentimientos de repugnancia que surgen del amor propio y del respeto humano. El amor a Jesucristo hace a los que le aman absolutamente indiferentes; de modo que todas las cosas les son iguales, sean amargas o dulces: no desean nada que les agrade a ellos mismos, sino sólo lo que agrada a Dios; se emplean en cosas pequeñas y grandes, sean agradables o desagradables, con la misma paz de espíritu; les basta con que agraden a Dios.

San Agustín dice: "Ama y haz lo que quieras"[1] Quien ama de veras a Dios sólo busca agradarle; y en esto está todo su placer. Santa Teresa dice: "El que no busca sino la gratificación de aquel a quien ama, es gratificado con todo lo que agrada a esa persona"[2]. El amor en su perfección produce este resultado; hace que una persona desatienda todos los intereses privados y la autosatisfacción, y concentra todos sus pensamientos en esforzarse por complacer a la persona amada, y en hacer todo lo posible para honrarla él mismo, y para hacer que sea honrado por los demás. ¡Oh Señor, todos nuestros males provienen de no mantener nuestros ojos fijos en Ti! Si sólo nos propusiéramos avanzar, pronto llegaríamos al fin de nuestro camino; pero caemos y tropezamos mil veces, y hasta perdemos el rumbo, por falta de mirar atentamente el camino recto." Aquí podemos ver cuál debe ser el único fin de todos nuestros pensamientos, acciones, deseos y de todas nuestras oraciones, a saber, la complacencia de Dios; nuestro camino hacia la perfección debe ser éste: caminar según la voluntad de Dios.

Dios desea que le amemos con todo nuestro corazón: Amarás al Señor tu Dios con todo tu corazón[2]. Ama con todo su corazón a Jesucristo quien le dice con el Apóstol: Señor, ¿qué quieres que yo haga?[3] Señor, indícame lo que quieres que yo haga, porque yo deseo realizarlo todo. Y persuadámonos de que, mientras deseamos lo que Dios desea, deseamos lo que es mejor para nosotros mismos; porque ciertamente Dios sólo desea lo que es mejor para nosotros. San Vicente de Paúl decía: "La conformidad con la voluntad de Dios es el tesoro del cristiano y el remedio de todos los males; pues comprende la abnegación de sí mismo y la unión con Dios y con todas las virtudes." En esto, pues, está toda la perfección: Señor, ¿qué quieres que haga? Jesucristo nos promete que no perecerá un cabello de vuestra cabeza[4], que es tanto como decir que el Señor nos recompensa por todo buen pensamiento que tengamos de agradarle, y por toda tribulación abrazada con paciencia conforme a su santa voluntad. Santa Teresa decía: "Nunca envía el Señor una prueba, sin remunerarla con algún favor cuantas veces la aceptamos con resignación"[5].

Pero nuestra conformidad con la voluntad divina debe ser entera, sin reserva alguna, y constante sin retraimiento. En esto consiste el colmo de la perfección; y a esto (repito) deben tender todas nuestras obras, todos nuestros deseos y todas nuestras oraciones. Algunas almas dadas a la oración, al leer los éxtasis y arrobamientos de Santa Teresa y de San Felipe Neri, llegan a desear gozar ellas mismas de estas uniones sobrenaturales. Tales deseos deben ser desterrados como contrarios a la humildad; si realmente deseamos ser santos, debemos aspirar a la verdadera unión con Dios, que es unir enteramente nuestra voluntad a la voluntad de Dios. Santa Teresa [6] decía: "Se engañan los que piensan que la unión con Dios consiste en éxtasis, arrobamientos y goces sensibles de Él. No consiste en otra cosa sino en someter nuestra voluntad a la voluntad de Dios; y esta sumisión es perfecta cuando nuestra voluntad está desprendida de todo, y tan completamente unida a la de Dios, que todos sus movimientos dependen únicamente de la voluntad de Dios. Esta es la unión real y esencial que siempre he buscado, y que continuamente suplico al Señor." Y luego añade: "¡Oh, cuántos de nosotros decimos esto, y nos parece que no deseamos otra cosa que esto; pero, miserables criaturas que somos, cuán pocos lo conseguimos!". Tal es, en efecto, la verdad innegable; muchos de nosotros decimos: ¡Oh Señor! Te doy mi voluntad, no deseo otra cosa que lo que Tú deseas; pero, en caso de algún suceso difícil, no sabemos cómo someternos tranquilamente a la voluntad divina. Y ésta es la fuente de nuestra continua queja de que somos desgraciados en el mundo, y de que somos el blanco de todas las desgracias, y por eso arrastramos una vida infeliz.

Si nos conformáramos a la voluntad divina en todos los problemas, sin duda llegaríamos a ser santos, y seríamos los más felices de la humanidad. Este, pues, debe ser el principal objeto de nuestra atención: mantener nuestra voluntad en inquebrantable unión con la voluntad de Dios en todos los acontecimientos de la vida, sean agradables o desagradables. Es la admonición del Espíritu Santo. Algunas personas se asemejan a las veletas, que giran en torno a cada viento que sopla; si el viento es bueno y favorable a sus deseos, son todo alegría y condescendencia; pero si sopla un viento contrario, y las cosas caen en contra de sus deseos, son todo tristeza e impaciencia; por eso no llegan a ser santos, y por eso su vida es infeliz, porque, en la vida presente, siempre nos sobrevendrá la adversidad en mayor medida que la prosperidad. San Doroteo decía, que recibir de las manos de Dios lo que suceda es un gran medio para mantenernos en continua paz y tranquilidad de alma. Y cuenta el santo que, por este motivo, a los antiguos Padres del desierto nunca se les veía enojados ni melancólicos, porque aceptaban con alegría cuanto les sucedía, como venido de las manos de Dios. Oh, feliz el hombre que vive totalmente unido y abandonado a la voluntad divina! No se envanece por los éxitos ni se deprime por los reveses; porque bien sabe que todo lo mismo viene de la misma mano de Dios; la voluntad de Dios es la única regla de su propia voluntad; así sólo hace lo que Dios quiere que haga, y sólo desea lo que Dios hace. No está ansioso de hacer muchas cosas, sino de cumplir con perfección lo que sabe que es aceptable a Dios. En consecuencia, prefiere las obligaciones más insignificantes de su estado de vida a las acciones más gloriosas e importantes, bien consciente de que en estas últimas el amor propio puede encontrar una gran parte, mientras que en las primeras está ciertamente la voluntad de Dios.

Así, también nosotros seremos felices cuando recibamos de Dios todas las disposiciones de su Providencia con espíritu de perfecta conformidad con su divina voluntad, independientemente de que coincidan o no con nuestras inclinaciones privadas. La santa Madre de Chantal decía: "¿Cuándo llegaremos a saborear la voluntad divina en cada acontecimiento que suceda, sin prestar atención a nada más que a la buena voluntad de Dios, de quien es seguro que la prosperidad y la adversidad proceden por igual de motivos de amor y para nuestro mejor interés? ¿Cuándo nos entregaremos sin reservas a los brazos de nuestro amantísimo Padre celestial, confiándole el cuidado de nuestras personas y de nuestros asuntos, y no reservándonos otra cosa que el único deseo de agradar a Dios?". Los amigos de San Vicente de Paúl decían de él cuando aún estaba en la tierra: "Vicente es siempre Vicente". Con ello querían decir que al santo se le veía siempre con el mismo rostro sonriente, tanto en la prosperidad como en la adversidad; y siempre era él mismo, porque, como vivía en el total abandono de sí mismo a Dios, nada temía ni deseaba sino lo que era agradable a Dios. Santa Teresa decía: "Por este santo abandono se engendra aquella admirable libertad de espíritu, que poseen los perfectos, en la cual hallan toda la felicidad que pueden desear en esta vida, pues no temiendo nada, ni deseando ni faltando nada de las cosas de este mundo, lo poseen todo"[8].

Muchos, por el contrario, fabrican una especie de santidad según sus propias inclinaciones; unos, inclinados a la melancolía, hacen consistir la santidad en vivir recluidos; otros, de temperamento atareado, en predicar y en inventar disputas; unos, de naturaleza austera, en infligir penitencias y maceraciones; otros, de natural generoso, en repartir limosnas; unos en rezar muchas oraciones vocales; otros en visitar santuarios; y toda su santidad consiste en tales o semejantes prácticas. Los actos externos son fruto del amor a Jesucristo; pero el verdadero amor mismo consiste en una completa conformidad con la voluntad de Dios; y por esto, en negarnos a nosotros mismos y en preferir lo que es más agradable a Dios, y únicamente porque él lo merece.

Otros quieren servir a Dios, pero ha de ser en aquel empleo, en aquel lugar, con aquellos compañeros y en tales circunstancias; de lo contrario, o descuidan su deber, o al menos lo hacen con mala gracia: los tales no son libres de espíritu, sino esclavos del amor propio, y por eso cosechan poco mérito aun de lo que realizan; además, viven en perpetua inquietud, pues su apego a la voluntad propia les hace pesado el yugo de Jesucristo. Los verdaderos amantes de Jesucristo sólo aman lo que le agrada a Jesucristo, y por la sola razón de que le agrada; y lo aman cuando le agrada a Jesucristo, donde le agrada y como le agrada; tanto si elige emplearlos en funciones honorables, como en ocupaciones mezquinas y humildes; en una vida de notoriedad en el mundo, o en una oculta y despreciada. Este es el verdadero sentido de lo que se entiende por el amor puro a Jesucristo; por eso debemos esforzarnos por vencer las apetencias de nuestro amor propio, que sólo quiere emplearse en aquellas obras que son gloriosas, o que están de acuerdo con nuestras propias inclinaciones. Y ¿de qué nos servirá ser los más honrados, los más ricos, los más grandes de este mundo, sin la voluntad de Dios? Decía el Beato Enrique Suso: "Prefiero ser el insecto más vil de la tierra por la voluntad de Dios, que un serafín en el cielo por mi propia voluntad."

Jesucristo dijo: Muchos dirán: Señor, hemos expulsado demonios y hecho grandes prodigios en tu nombre: Señor, ¿no hemos profetizado en tu nombre, y expulsado demonios en tu nombre, y hecho muchos milagros en tu nombre?[9] Pero el Señor les responderá: Nunca os conocí; apartaos de mí, obradores de iniquidad.[10] Apartaos de

mí; nunca os reconocí por discípulos míos, porque preferisteis seguir vuestras propias inclinaciones antes que mi voluntad. Y esto es especialmente aplicable a aquellos sacerdotes
que trabajan mucho por la salvación o perfección de los demás, mientras ellos mismos
siguen viviendo en el fango de sus imperfecciones. La perfección consiste: Primero, en un
verdadero desprecio de sí mismo. Segundo, en una mortificación completa de los propios
apetitos. En tercer lugar, en una perfecta conformidad con la voluntad de Dios: quien
falte a una de estas virtudes está fuera del camino de la perfección. Por esta razón, un gran
siervo de Dios dijo que era mejor que en nuestras acciones tuviéramos como único fin
la voluntad de Dios y no su gloria; porque al hacer la voluntad de Dios, promovemos al
mismo tiempo su gloria; mientras que al proponernos la gloria de Dios, con frecuencia
nos engañamos a nosotros mismos y seguimos nuestra propia voluntad con el pretexto
de glorificar a Dios. San Francisco de Sales dijo: "Hay muchos que dicen al Señor: Me
entrego enteramente a Ti sin reservas; pero pocos, de hecho, abrazan prácticamente este
abandono. Consiste en una cierta indiferencia en aceptar toda clase de acontecimientos,
tal como se suceden según el orden de la divina Providencia, las aflicciones como los
consuelos, los desaires y las injurias como el honor y la gloria"[11].

Es, pues, en el sufrimiento y en la aceptación alegre de todo lo que va en contra de
nuestras propias inclinaciones, donde podemos descubrir quién es un verdadero amante
de Jesucristo. Tomás de Kempis dice que "no merece el nombre de amante quien no está
dispuesto a soportarlo todo por su amado, y a seguir en todo la voluntad de su amado"[12]
Por el contrario, el Padre Baltasar Álvarez decía que quien se resigna tranquilamente
a la voluntad divina en las tribulaciones "viaja a Dios post-haste". Y la santa Madre
Teresa decía: "¿Qué mayor adquisición podemos hacer, que tener alguna prueba de que
agradamos a Dios?". Y a esto añado que no podemos tener una prueba más cierta de
ello, que abrazando pacíficamente las cruces que Dios nos envía. Complacemos a Dios
agradeciéndole sus beneficios en la tierra; pero, dice el Padre Juan de Ávila, un "bendito
sea Dios" pronunciado en la adversidad vale más que seis mil acciones de gracias en la
prosperidad.

Y aquí debemos observar que debemos recibir con resignación no sólo las cruces
que vienen directamente de Dios; por ejemplo, la mala salud, los escasos talentos, los
reveses accidentales de la fortuna; sino también las que vienen indirectamente de Dios,
y directamente de nuestros semejantes; por ejemplo, las persecuciones, los robos, las
injurias; porque todas, en realidad, vienen de Dios. David fue insultado un día por uno
de sus vasallos, llamado Semei, que no sólo le increpó con palabras de desprecio, sino que

incluso le arrojó piedras. Uno de los cortesanos habría vengado inmediatamente el insulto cortando la cabeza del ofensor; pero David replicó: Dejadle en paz y que maldiga, porque el Señor le ha mandado maldecir a David[13]; o, en otras palabras, Dios se sirve de él para castigarme por mis pecados, y por eso le permitió que me persiguiera con injurias.

Por lo cual decía Santa María Magdalena de Pazzi, que todas nuestras oraciones deben tener por fin obtener de Dios la gracia de seguir su santa voluntad en todas las cosas. Ciertas almas, ávidas de manjares espirituales en la oración, van sólo en busca de estos banquetes de dulces y tiernos sentimientos; pero las almas valientes que buscan sinceramente pertenecer enteramente a Dios, sólo le piden luz para comprender su voluntad y fuerza para ponerla por obra. Para llegar a la pureza del amor, es necesario someter nuestra voluntad en todas las cosas a la voluntad de Dios: "Nunca os consideréis -decía San Francisco de Sales- llegados a la pureza que debéis tener, mientras vuestra voluntad no obedezca alegremente, aun en las cosas más repugnantes, a la voluntad de Dios." "Porque", como observa Santa Teresa, "la entrega de nuestra voluntad a Dios le atrae a unirse a nuestra bajeza"[14] Pero esto no puede obtenerse nunca, sino por medio de la oración mental y de continuas súplicas dirigidas a la divina majestad, ni sin un cordial deseo de pertenecer enteramente a Jesucristo sin reservas.

Oh Corazón amabilísimo de mi divino Salvador, Corazón enamorado de la humanidad, ya que nos amas con tanta profundidad de ternura; oh Corazón, en fin, digno de gobernar y poseer todos nuestros corazones, ¡ojalá pudiera hacer comprender a todos los hombres el amor que les profesas, y las tiernas caricias que prodigas a los que te aman sin reservas! Oh Jesús, amor mío, complácete en aceptar la ofrenda y el sacrificio que hoy te hago de toda mi voluntad. Indícame lo que quieres que haga, pues estoy decidido a hacerlo todo con la ayuda de tu gracia.

II.

La obediencia.

Ahora bien, ¿cuál es el medio más seguro de conocer y averiguar lo que Dios exige de nosotros? No hay medio más seguro que practicar la obediencia a nuestros Superiores y directores. San Vicente de Paúl decía: "Nunca se cumple mejor la voluntad de Dios que cuando obedecemos a nuestros Superiores". El Espíritu Santo dice: Mucho mejor es la obediencia que las víctimas de los necios[15]. Dios se complace más en el sacrificio que le hacemos de nuestra propia voluntad, sometiéndola a la obediencia, que en todos los demás sacrificios que podemos ofrecerle; porque en otras cosas, como en las limosnas, ayunos, mortificaciones y otras semejantes, damos de lo nuestro a Dios, pero al darle nuestra voluntad le presentamos nosotros mismos: cuando le damos nuestros bienes, nuestras mortificaciones, le damos una parte; pero cuando le damos nuestra voluntad, se lo damos todo. De modo que, cuando decimos a Dios: Señor, hazme conocer por medio de la obediencia lo que exiges de mí, pues quiero cumplirlo todo, no tenemos nada más que ofrecerle.

Quien, pues, se entrega a la obediencia, debe desprenderse totalmente de su propia opinión. "Aunque cada uno -dice San Francisco de Sales- tenga sus propias opiniones, la virtud no es violada por ello; pero la virtud es violada por el apego que tenemos a nuestras propias opiniones"[16] Pero, ¡ay! este apego es lo más difícil de desprenderse; y por eso hay tan pocas personas totalmente entregadas a Dios, porque pocas se someten completamente a la obediencia. Hay algunas personas tan apegadas a su propia opinión, que, al recibir una obediencia, aunque lo que se les ordena se ajuste a su inclinación, sin embargo, por el mismo hecho de que se les ordena, pierden todo gusto por ello, todo deseo de cumplirlo; porque no encuentran gusto en nada que no sea seguir los dictados de su voluntad individual. ¡Cuán diferente es la conducta de los santos! Su única felicidad fluye de la ejecución de lo que la obediencia les impone. La santa Madre Juana Francisca de Chantal dijo una vez a sus hijas que podían pasar el día de recreo como quisieran. Al anochecer, todas fueron a rogarle encarecidamente que no volviera a concederles tal permiso, pues nunca habían pasado un día tan fastidioso como aquel en que se habían liberado de la obediencia.

Es un engaño pensar que alguien pueda estar mejor empleado que en el cumplimiento de lo que la obediencia ha impuesto. San Francisco de Sales dice: "Abandonar una ocupación dada por la obediencia para unirnos a Dios por la oración, por la lectura o por el recogimiento, sería apartarnos de Dios para unirnos a nuestro propio amor propio"[17] Santa. Teresa añade, además, que quien realiza cualquier obra, aunque sea espiritual, pero contra la obediencia, obra seguramente por instigación del demonio, y no por inspiración divina, como tal vez se lisonjea; "porque -dice la santa- las inspiraciones de Dios vienen siempre acompañadas de la obediencia." Al mismo efecto dice en otro lugar: "Nada exige Dios más de un alma que está resuelta a amarle, que la obediencia."[18] "Una obra hecha por obediencia -dice el Padre Rodríguez- supera a todas las demás que podamos imaginar." Levantar una paja del suelo por obediencia tiene más mérito que una oración prolongada, o una disciplina a sangre, por nuestra propia voluntad. Esto hizo decir a Santa María Magdalena de Pazzi, que prefería estar ocupada en algún ejercicio por obediencia que en la oración; "porque", dijo ella, "en la obediencia estoy segura de la voluntad de Dios, mientras que de ninguna manera estoy tan segura de ella en cualquier otro ejercicio"[19] Según todos los maestros espirituales, es mejor dejar cualquier ejercicio devoto por obediencia, que continuarlo sin obediencia. La Santísima Virgen María reveló una vez a Santa Brígida[20], que el que renuncia a alguna mortificación por la obediencia, obtiene doble provecho; pues ya ha obtenido el mérito de la mortificación por la buena voluntad de hacerla, y gana también el mérito de la obediencia por renunciar a ella. Un día fue a ver el célebre padre Francisco Arias al venerable padre Juan de Ávila, su íntimo amigo, y hallándole pensativo y triste, le preguntó la razón, y recibió esta respuesta: "Oh dichoso tú, que vives bajo la obediencia, y estás seguro de hacer la voluntad de Dios. En cuanto a mí, ¿quién me garantizará si hago algo más agradable a Dios yendo de aldea en aldea, catequizando a los pobres campesinos, o permaneciendo inmóvil en el confesionario, para oír a todo el que se presenta? Mientras que el que vive bajo la obediencia está siempre seguro de que todo lo que realiza por obediencia es según la voluntad de Dios, o mejor dicho, que es lo más agradable a Dios." Sirva esto de consuelo a todos los que viven bajo la obediencia.

Para que la obediencia sea perfecta, debemos obedecer con la voluntad y con el juicio. Obedecer con la voluntad significa obedecer de buena gana, y no por coacción, a la manera de los esclavos; obedecer con el juicio significa conformar nuestro juicio al del Superior, sin examinar lo que se manda. Santa María Magdalena de Pazzi comenta al respecto: "La obediencia perfecta exige un alma sin juicio". Con el mismo propósito, San Felipe Neri decía que, para obedecer con perfección, no bastaba ejecutar lo mandado, sino que había que hacerlo sin razonar sobre ello; dando por cierto que lo que se nos manda es para nosotros lo más perfecto que podemos hacer, aunque lo contrario pudiera ser mejor ante Dios[21].

Esto vale no sólo para los religiosos, sino también para los seglares que viven bajo la obediencia de sus directores espirituales. Que pidan a su director que les prescriba reglas para la dirección de sus asuntos, tanto espirituales como temporales; y así, se asegurarán de hacer lo mejor. San Felipe Neri decía: "Los que desean progresar en el camino de Dios, sométanse a un confesor prudente, a quien deben obedecer como en lugar de Dios.

Haciéndolo así, estamos seguros de no tener que dar cuenta a Dios de las acciones que realizamos"[22].

Decía, además, "que debemos poner fe en el confesor, porque el Señor no permitirá que se equivoque; que nada es tan seguro para cortar todas las asechanzas del demonio como hacer la voluntad de los demás en la ejecución del bien; y que no hay nada más peligroso que querer dirigirnos según nuestro capricho privado"[23]. Del mismo modo dice San Francisco de Sales, al hablar de la dirección del Padre espiritual como medio de caminar con seguridad por la senda de la perfección: "Esta es la máxima de todas las máximas."[23] "Busques lo que busques -dice la devota Ávila-, nunca hallarás con tanta seguridad la voluntad de Dios como en el camino de esta humilde obediencia, tan recomendada y tan practicada por todos los antiguos siervos de Dios." Lo mismo afirman San Bernardo, San Bernardino de Siena, San Antonino, San Juan de la Cruz, Santa Teresa, Juan Gerson, y todos los teólogos y maestros de la vida espiritual; y decía San Juan de la Cruz, que poner en duda esta verdad es casi dudar de la fe. Las palabras del santo son, "no contentarse con lo que dice el confesor, es soberbia, y falta de fe".

Entre las máximas de San Francisco de Sales se encuentran las dos siguientes, muy consoladoras para las almas escrupulosas: "En primer lugar, un alma verdaderamente obediente nunca se perdió; en segundo lugar, debemos estar satisfechos con que nuestro director espiritual nos diga que vamos bien, sin buscar convencernos de ello nosotros mismos." Es la enseñanza de muchos Doctores, como de Gerson, St. Antonino, Cayetano, Navarrus, Sánchez, Bonacina, Cordovio, Castropalao, y los Doctores de Salamanca, con otros, que la persona escrupulosa está obligada, bajo estricta obligación, a actuar en oposición a los escrúpulos, cuando de tales escrúpulos hay razón para temer que ocurra un daño grave al alma o al cuerpo, como la pérdida de la salud, o del intelecto; por lo que las personas escrupulosas deben tener mayor escrúpulo en no obedecer al confesor que en actuar en contra de sus escrúpulos.

Resumiendo, pues, todo lo dicho en este capítulo, nuestra salvación y perfección consisten en: 1. En negarnos a nosotros mismos; 2. En seguir la voluntad de Dios; 3. En rogarle siempre que nos dé fuerzas para hacer lo uno y lo otro.

Afectos y oraciones.

¿Qué tengo yo en el cielo? y además de Ti, ¿qué deseo en la tierra? Tú eres el Dios de mi corazón, y el Dios que es mi porción para siempre[24]. Mi amado Redentor, infinitamente amable, puesto que has bajado del cielo para entregarte enteramente a mí, ¿qué otra cosa buscaré en la tierra o en el cielo fuera de Ti, que eres el bien soberano, el único bien digno de ser amado? Sé Tú, pues, el único Señor de mi corazón, poséelo por entero: que mi alma te ame sólo a Ti, te obedezca sólo a Ti y no busque agradar a nadie más que a Ti. Que otros disfruten de las riquezas de este mundo, yo sólo te deseo a Ti: Tú eres y serás siempre mi tesoro en esta vida y en la eternidad. Por eso te doy, oh Jesús mío, todo mi corazón y toda mi voluntad. Por eso te entrego, oh Jesús mío, todo mi corazón y toda mi voluntad. Señor, ¿qué quieres que haga?[25] Dime lo que quieres de mí y préstame tu ayuda, pues no dejaré nada sin hacer. Dispón de mí y de todo lo que me concierne como te plazca; todo lo acepto y a todo me resigno. Oh Amor merecedor de infinito amor, Tú me has amado hasta morir por mí; Te amo con todo mi corazón, Te amo más "que a mí mismo, y en Tus manos abandono mi alma. En este mismo día me despido de todo afecto mundano, me despido de todo lo creado y me entrego sin reservas a Ti; por los méritos de tu Pasión recíbeme y hazme fiel hasta la muerte. Jesús mío, Jesús mío, desde hoy no viviré más que para Ti, no amaré a nadie más que a Ti, no buscaré otra cosa que cumplir tu bendita voluntad.

Ayúdame con tu gracia, y ayúdame también con tu protección, oh María, esperanza mía.

LA CARIDAD LO SOPORTA TODO

EL QUE AMA A JESUCRISTO TODO LO SOPORTA POR JESUCRISTO, Y ESPECIALMENTE LAS ENFERMEDADES, LA POBREZA Y EL DESPRECIO.

En el capítulo I hablamos de la virtud de la paciencia en general. En este hablaremos de algunos asuntos en particular, que exigen la práctica especial de la paciencia.

El P. Baltasar Álvarez [1] decía que el cristiano no necesita imaginarse que ha hecho algún progreso hasta que haya logrado penetrar su corazón con un sentido duradero de las penas, pobreza e ignominias de Jesucristo para soportar con amorosa paciencia toda clase de penas, privaciones y desprecios, por amor de Jesucristo.

I.

Paciencia en la enfermedad.

En primer lugar, hablemos de las enfermedades corporales, que, soportadas con paciencia, merecen para nosotros una hermosa corona.

San Vicente de Paúl decía: "Si supiéramos cuán precioso tesoro encierran las enfermedades, las aceptaríamos con alegría como las mayores bendiciones posibles". De ahí que el mismo santo, aunque constantemente afligido por dolencias, que a menudo no le dejaban descanso ni de día ni de noche, las soportaba con tanta paz y tanta serenidad de semblante, que nadie podía adivinar que algo le aquejara en absoluto. Oh, ¡cuán edificante es ver a una persona enferma sobrellevar su enfermedad con un semblante pacífico, como lo hizo San Francisco de Sales! Cuando estaba enfermo, simplemente le explicaba su queja al médico, le obedecía exactamente tomando las medicinas prescritas, aunque le dieran náuseas; y por lo demás permanecía en paz, nunca expresando una sola queja en todos sus sufrimientos. ¡Qué contraste con ésta es la conducta de aquellos que no hacen más que quejarse hasta de la más insignificante indisposición, y que quisieran tener a su alrededor a todos sus parientes y amigos para que se compadecieran de ellos! Muy diferente fue la instrucción de Santa Teresa a sus monjas: "Un Viernes Santo, Jesucristo favoreció al Venerable Padre Luis de Ponte con tantos sufrimientos corporales, que ninguna parte de su cuerpo quedó exenta de su dolor particular: mencionó sus graves sufrimientos a un amigo; pero después se arrepintió tanto de haberlo hecho, que hizo voto de no revelar nunca más a nadie lo que pudiera sufrir después. Digo que fue favorecido, porque para los santos las enfermedades y los dolores que Dios les envía son verdaderos favores. Un día San Francisco de Asís yacía en su lecho sufriendo atroces tormentos; un compañero le dijo: "Padre, ruega a Dios que alivie tus dolores y no te imponga una mano tan pesada". Al oír esto, el santo saltó al instante de su lecho y, poniéndose de rodillas, dio gracias a Dios por sus sufrimientos; luego, volviéndose a su compañero, le dijo: "Escucha, si no supiera que hablas así desde la sencillez, me negaría a volver a verte"[3].

Alguno que esté enfermo dirá: no es tanto la enfermedad en sí lo que me aflige, cuanto que me impide ir a la iglesia a hacer mis devociones, a comulgar y a oír la Santa Misa; no puedo ir al coro a rezar el Oficio divino con mis hermanos; no puedo celebrar la Misa; no puedo rezar, porque me duele mucho la cabeza y estoy a punto de desmayarme. Pero dime ahora, si te place, ¿por qué deseas ir a la iglesia o al coro? ¿Por qué queréis comulgar y decir u oír la Santa Misa? ¿Es para agradar a Dios? Pero ahora no es del agrado de Dios que digáis el Oficio, que comulguéis u oigáis Misa; sino que permanezcáis pacientemente en este lecho y soportéis los dolores de esta enfermedad. Pero a ti te desagrada que yo hable; así, pues, no buscas hacer lo que agrada a Dios, sino lo que te agrada a ti mismo. El Venerable Juan de Ávila escribió lo siguiente a un sacerdote que así se quejaba ante él: "Amigo mío, no te ocupes en lo que harías si estuvieras bien, sino conténtate con permanecer enfermo mientras Dios lo crea conveniente. Si buscas la voluntad de Dios, ¿qué te importa estar bien o enfermo?"[4].

Dices que ni siquiera puedes rezar porque tienes la cabeza débil. Sea así: no puedes meditar; pero ¿por qué no puedes hacer actos de resignación a la voluntad de Dios? Si sólo hicieras estos actos, no podrías hacer mejor oración, acogiendo con amor todos los tormentos que te asaltan. Así lo hacía San Vicente de Paúl: cuando era atacado por una grave enfermedad, solía mantenerse tranquilamente en la presencia de Dios, sin forzar su mente a detenerse en ningún tema en particular; su único ejercicio consistía en suscitar de vez en cuando algunos actos breves, como de amor, de confianza, de acción de gracias, y más frecuentemente de resignación, sobre todo en la crisis de sus sufrimientos. San Francisco de Sales hizo esta observación: "Consideradas en sí mismas, las tribulaciones son espantosas; pero consideradas en la voluntad de Dios, son encantadoras y deliciosas"[5] No podéis rezar oraciones; ¡y qué oración más exquisita que echar de vez en cuando una mirada a vuestro Señor crucificado, y ofrecerle vuestros dolores, uniendo lo poco que soportáis a los tormentos sobrecogedores que afligieron a Jesús en la cruz!

Había cierta piadosa señora postrada en cama con muchos desórdenes; y al ponerle el criado el crucifijo en la mano, y decirle que rogase a Dios para que la librase de sus miserias, ella replicó: "¿Pero cómo quieres que intente bajar de la cruz, mientras tengo en mi mano a un Dios crucificado? Dios me libre de hacerlo. Sufriré por aquel que eligió sufrir por mí tormentos incomparablemente mayores que los míos". Esto fue, en efecto, precisamente lo que Jesucristo dijo a Santa Teresa cuando ésta se hallaba sumida en una grave enfermedad; se le apareció todo cubierto de llagas, y luego le dijo: "Mira, hija mía, la amargura de mis sufrimientos, y considera si los tuyos son iguales a los míos"[6] De ahí que la santa acostumbrara a decir, en medio de todas sus dolencias: "Cuando recuerdo de cuántas maneras sufrió mi Salvador, aunque era la inocencia misma, no sé cómo podría entrar en mi cabeza quejarme de mis sufrimientos." Durante un período de treinta y ocho años, Santa Lidwine se vio afligida por innumerables males fiebres, gota en los pies y en las manos, y llagas, durante toda su vida; sin embargo, por no perder nunca de vista los sufrimientos de Jesucristo, mantuvo una alegría y una jovialidad inquebrantables. Del mismo modo, San José de Leonessa, capuchino, cuando el cirujano estaba a punto de amputarle el brazo, y sus hermanos querían atarlo para evitar que se agitara por la vehemencia del dolor, se agarró al crucifijo y exclamó: "¿Por qué me atáis?, ¿por qué me atáis? mirad quién es el que me ata para soportar todo sufrimiento pacientemente por amor a él"; y así soportó la operación sin un murmullo. San Jonás Mártir, después de pasar toda la noche sumergido en hielo por orden del tirano, declaró a la mañana siguiente que nunca había pasado una noche más feliz, porque se había imaginado a Jesús colgado de la cruz; y así, comparados con los tormentos de Jesús, los suyos habían parecido más bien caricias que tormentos.

¡Oh, qué abundancia de méritos puede acumularse soportando pacientemente las enfermedades! Dios todopoderoso reveló al Padre Baltasar Álvarez la gran gloria que tenía reservada para cierta monja, que había soportado con resignación una dolorosa enfermedad; y le dijo que había adquirido más méritos en aquellos ocho meses de su enfermedad que otras religiosas en muchos años. Es por la paciente resistencia a la enfermedad como tejemos una gran parte, y quizás la mayor parte, de la corona que Dios nos destina en el cielo. San Lidwine tuvo una revelación en este sentido. Después de sufrir muchos y muy crueles desórdenes, como ya hemos dicho, rogó morir mártir por amor a Jesucristo; un día, suspirando por este martirio, vio de repente una hermosa corona, pero aún incompleta, y comprendió que estaba destinada a ella misma; entonces la santa, anhelando contemplarla completa, suplicó al Señor que aumentara sus sufrimientos. Su plegaria fue escuchada, pues poco después llegaron unos soldados y la maltrataron, no sólo con palabras injuriosas, sino con golpes y ultrajes. Un ángel se le apareció entonces con la corona completa y le informó de que aquellas últimas injurias le habían añadido las gemas que le faltaban; y poco después expiró.

Ah, sí! para los corazones que aman fervorosamente a Jesucristo, los dolores y las ignominias son de lo más delicioso. Y así, vemos a los santos mártires ir con alegría al encuentro de las afiladas púas y garfios de hierro, de las planchas de acero incandescente y de las hachas. El mártir San Procopio habló así al tirano que lo torturaba: "Atormentadme como queráis; pero sabed al mismo tiempo que nada es más dulce para el amante de Jesucristo que sufrir por su causa"[7] San Gordius, mártir, respondió del mismo modo al tirano que le amenazaba de muerte: "Me amenazas de muerte; pero sólo lamento no poder morir más de una vez por mi amado Jesús"[8] Y yo pregunto: ¿hablaban así estos santos porque eran insensibles al dolor o débiles de intelecto? "No eran insensibles, pues sentían muy bien los tormentos que se les infligían; pero, como amaban a Dios, consideraban un gran privilegio sufrir por Dios y perderlo todo, incluso la vida misma, por amor de Dios.

Sobre todo, en tiempo de enfermedad debemos estar dispuestos a aceptar la muerte, y la muerte que Dios quiera. Debemos morir, y nuestra vida debe terminar en nuestra última enfermedad; ni sabemos cuál será nuestra última enfermedad. Por eso, en cada enfermedad debemos estar dispuestos a aceptar la muerte que Dios nos ha señalado. Un enfermo dice: "Sí, pero he cometido muchos pecados y no he hecho penitencia. Quisiera vivir, no por vivir, sino para dar alguna satisfacción a Dios antes de mi muerte". Pero dime, hermano mío, ¿cómo sabes que si vives más tiempo harás penitencia, y no más bien la harás peor que antes? Al presente bien puedes abrigar la esperanza de que Dios te ha perdonado; ¿qué penitencia puede ser más satisfactoria que aceptar la muerte con resignación, si Dios así lo quiere? San Luis Gonzaga, a la edad de veintitrés años, abrazó gustoso la muerte con esta reflexión: "Por ahora -decía- estoy, como espero, en gracia de Dios. El padre Juan de Ávila opinaba que todos, con tal de que estuvieran en buenas disposiciones, aunque sólo moderadamente buenas, deberían desear la muerte, para escapar del peligro, que siempre nos rodea en este mundo, de pecar y perder la gracia de Dios.

Además, debido a nuestra fragilidad natural, no podemos vivir en este mundo sin cometer al menos pecados veniales; esto debe ser un motivo para que abracemos de buen grado la muerte, a fin de no ofender nunca más a Dios. Además, si de verdad amamos a Dios, deberíamos anhelar ardientemente ir a verle y amarle con todas nuestras fuerzas en el Paraíso, cosa que nadie puede hacer perfectamente en esta vida presente; pero a menos que la muerte nos abra la puerta, no podremos entrar en esa bendita región del amor. Esto hizo gritar a San Agustín, aquella alma amante: "¡Oh, déjame morir, Señor, para que pueda contemplarte!"[11] Oh Señor, déjame morir, pues de otro modo no puedo contemplarte y amarte cara a cara.

II.

Paciencia en la pobreza.

En segundo lugar, debemos practicar la paciencia en la pobreza. Ciertamente, nuestra paciencia se pone muy a prueba cuando necesitamos bienes temporales. San Agustín decía: "El que no tiene a Dios, no tiene nada; el que tiene a Dios, lo tiene todo"[12] El que posee a Dios, y permanece unido a su bendita voluntad, encuentra todo bien. Testigo de ello es San Francisco, descalzo, vestido de cilicio y privado de todo, y sin embargo más feliz que todos los monarcas del mundo, con sólo repetir: "Mi Dios y mi todo"[13] Pobre es propiamente el que no tiene lo que desea; pero el que nada desea y se contenta con su pobreza, es en realidad muy rico. Los verdaderos amantes de Dios no tienen nada y, sin embargo, lo tienen todo, pues, cuando les faltan los bienes temporales, exclaman: "Jesús mío, sólo Tú me bastas", y con esto quedan satisfechos. No sólo mantuvieron los santos la paciencia en la pobreza, sino que procuraron despojarse de todo, vivir desprendidos de todo y unidos sólo a Dios. Si no tenemos valor suficiente para renunciar a todos los bienes terrenales, contentémonos en todo caso con aquel estado de vida en que Dios nos ha puesto; que nuestra solicitud no sea por los bienes terrenales, sino por los del Paraíso, que son inconmensurablemente mayores y duran para siempre; y estemos plenamente persuadidos de lo que dice Santa Teresa: "Cuanto menos tengamos aquí, tanto más tendremos allá"[15].

San Buenaventura decía que los bienes temporales no eran más que una especie de brea para impedir al alma volar hacia Dios. Y San Juan Clímaco[16] decía que la pobreza, por el contrario, es un camino que conduce a Dios libre de todo estorbo. Nuestro Señor mismo dijo: Bienaventurados los pobres de espíritu, porque de ellos es el reino de los cielos[17]. En las otras Bienaventuranzas se promete el cielo de la vida futura a los mansos y a los limpios de corazón; pero a los pobres se les promete el cielo (es decir, la alegría celestial) incluso en esta vida: de ellos es el reino de los cielos. Sí, porque también en la vida presente los pobres gozan de un anticipo del paraíso. Por pobres de espíritu se entiende aquellos que no sólo son pobres de bienes terrenales, sino que ni siquiera los desean; que, teniendo lo suficiente para vestirse y alimentarse, viven contentos, según el consejo del Apóstol: Pero teniendo con qué comer y con qué cubrirnos, con esto nos contentamos.[18] Oh, bendita pobreza (exclamó San Lorenzo Justiniano), que nada posee y nada teme; ella es siempre alegre y siempre en abundancia, pues convierte todo inconveniente en ventaja para el alma.[19] San Bernardo dijo: "El avaro está siempre hambriento como un mendigo, porque nunca se sacia de las posesiones que desea; el pobre, por el contrario, las desprecia todas como un rico señor, en cuanto que no desea nada.

Un día Jesucristo habló así a la bienaventurada Ángela de Foligno: "Si la pobreza no fuera de gran excelencia, no la habría elegido para mí, ni la habría legado a mis elegidos." Y, en efecto, los santos, viendo a Jesús pobre, tenían por eso un gran afecto a la pobreza. San Pablo dice que el deseo de enriquecerse es una trampa de Satanás, con la que ha causado la ruina de innumerables almas: Los que quieren enriquecerse, caen en la tentación y en la trampa del diablo, y en muchos deseos inútiles y perniciosos, que hunden a los hombres en la destrucción y la perdición[21] Infelices seres que, por causa de viles criaturas de la tierra, pierden un bien infinito, que es Dios. San Basilio Mártir tenía toda la razón cuando el emperador Licinio le propuso ser el jefe de sus sacerdotes si renunciaba a Jesucristo: "Dile al emperador que, aunque me diera todo su reino, no me daría tanto como me robaría, privándome de Dios"[22] Contentémonos, pues, con Dios y con las cosas que nos da, alegrándonos de nuestra pobreza, cuando estamos necesitados de algo que deseamos y no lo tenemos, pues en esto consiste nuestro mérito. "Muchos son pobres, pero no merecen nada por no amar su pobreza; por eso dice San Bernardo que la virtud de la pobreza no consiste en ser pobre, sino en amar la pobreza.

Este amor a la pobreza deben practicarlo especialmente los religiosos que han hecho voto de pobreza. "Muchos religiosos", dice el mismo San Bernardo, "desean ser pobres; pero con la condición de no desear nada"[24] "Así", dice San Francisco de Sales, "desean el honor de la pobreza, pero no los inconvenientes de la pobreza"[25] A tales personas es aplicable el dicho de la Beata Salomea, monja de Santa Clara: "Esa religiosa será el hazmerreír de los ángeles y de los hombres, que finge ser pobre, y sin embargo murmura cuando le falta algo"[26]. Los buenos religiosos actúan de otro modo; aman su pobreza por encima de toda riqueza. La hija del Emperador Maximiliano II, una monja descalza de Santa Clara, llamada Sor Margarita de la Cruz, se presentó en una ocasión ante su hermano, el Archiduque Alberto, con un hábito remendado, quien mostró cierto asombro, como si fuera impropio de su noble cuna; pero ella le dio esta respuesta: "Hermano mío, estoy más contenta con esta prenda rota que todos los monarcas con sus vestiduras púrpuras". Santa María Magdalena de Pazzi dijo: "¡Oh feliz religiosa! que, desprendida de todo por medio de la santa pobreza, puedes decir: El Señor es la porción de mi heredad"[26]. "Dios mío, Tú eres mi porción y todo mi bien"[27] Santa Teresa, habiendo recibido una gran limosna de cierto mercader, le hizo saber que su nombre estaba escrito en el Libro de la Vida, y que, en señal de ello, debía perder todas sus posesiones; y el mercader, en efecto, fracasó, y permaneció en la pobreza hasta la muerte. San Luis Gonzaga decía que no podía haber señal más segura de que una persona está contada entre los elegidos, que verla temiendo a Dios, y al mismo tiempo sufriendo cruces y tribulaciones en esta vida.

La pérdida de parientes y amigos por la muerte pertenece también, en alguna medida, a la santa pobreza; y en esto debemos practicar especialmente la paciencia. Algunas personas, ante la pérdida de un padre o de un amigo, no encuentran descanso; se encierran a llorar en su cámara, y dando rienda suelta a su dolor, se hacen insoportables a todos los que les rodean, por su falta de paciencia. Yo preguntaría a estas personas, ¿por la satisfacción de quién se lamentan y derraman lágrimas? ¿Por la de Dios? Ciertamente no, porque la voluntad de Dios es que se resignen a sus disposiciones. ¿Por el alma difunta? De ningún modo: si el alma se ha perdido, aborrece tanto a ti como tus lágrimas; si se ha salvado, y ya está en el cielo, quiere que le des gracias a Dios de su parte; si todavía está en el purgatorio, implora la ayuda de tus oraciones, y desea que te inclines con resignación a la voluntad divina, y que te hagas santa, para poder gozar un día de tu compañía en el paraíso. ¿De qué sirve, pues, todo este llanto? En cierta ocasión, el Venerable Padre José Caracciolo, el Teatino, estaba rodeado de sus parientes, que se lamentaban amargamente de la muerte de su hermano: "¡Venid, venid! guardemos estas lágrimas para un fin mejor, para llorar la muerte de Jesucristo, que ha sido para nosotros padre, hermano y esposo, y que murió por amor nuestro". En tales ocasiones debemos imitar a Job, que, al conocer la noticia de la muerte de sus hijos, exclamó, con plena resignación a la voluntad divina: El Señor dio, y el Señor quitó; Dios me dio mis hijos, y Dios me los quitó. Como agradó al Señor, así se hizo, bendito sea el nombre del Señor;[28] agradó a Dios que sucedieran estas cosas, y así me agrada a mí; por tanto, sea bendito por mí para siempre.

III.

La paciencia bajo el desprecio.

En tercer lugar, debemos practicar la paciencia y mostrar nuestro amor a Dios sometiéndonos tranquilamente al desprecio.

Tan pronto como un alma se entrega a Dios, él le envía de sí mismo, o por medio de otros, insultos y persecuciones. Un día se apareció un ángel al bienaventurado Enrique Suso y le dijo: "Enrique, hasta ahora te has mortificado a tu manera; de ahora en adelante te mortificarás según el gusto de los demás." Al día siguiente, mientras miraba desde una ventana a la calle, vio a un perro que sacudía y rasgaba un trapo que tenía en la boca; en el mismo momento una voz le dijo: "Así has de ser rasgado en la boca de los hombres." En seguida, el bienaventurado Enrique descendió a la calle y cogió el trapo, poniéndolo a su lado para animarle en sus próximas pruebas[29].

Afrentas e injurias eran los manjares que los santos anhelaban y buscaban con ahínco. San Felipe Neri, por espacio de treinta años, tuvo que soportar muchos malos tratos en la casa de San Jerónimo en Roma; pero por esta misma razón se negó a abandonarla, y resistió todas las invitaciones de sus hijos para ir a vivir con ellos en el nuevo Oratorio, fundado por él mismo, hasta que recibió una orden expresa del Papa para hacerlo. Así, a San Juan de la Cruz se le prescribió un cambio de aire para una enfermedad que finalmente lo llevó a la tumba; ahora bien, él podría haber elegido un convento más cómodo, del cual el Prior estaba particularmente apegado a él; pero eligió en su lugar un convento pobre, cuyo Prior era su enemigo, y quien, de hecho, durante mucho tiempo, y casi hasta el día de su muerte, habló mal de él, y abusó de él de muchas maneras, e incluso prohibió a los otros monjes que lo visitaran. Aquí vemos cómo los santos incluso buscaban ser despreciados. Santa Teresa escribió esta admirable máxima: "Quien aspira a la perfección debe guardarse de decir nunca: No tenían razón para tratarme así. Si no quieres llevar otra cruz que la fundada en la razón, la perfección no es para ti". Mientras San Pedro Mártir se quejaba en la cárcel de estar confinado injustamente, recibió aquella célebre respuesta del Crucifijo: Nuestro Señor le dijo: "¿Y qué mal he hecho, para padecer y morir en esta cruz por los hombres?". ¡Oh, qué consuelo obtienen los santos en todas sus tribulaciones de las ignominias que soportó Jesucristo! San Eleazar, al ser preguntado por su esposa cómo se las arreglaba para soportar con tanta paciencia las muchas injurias que tenía que soportar, y eso incluso de sus propios sirvientes, respondió: "Vuelvo mis miradas al ultrajado Jesús, y descubro en seguida que mis afrentas son una mera nada en comparación con lo que él sufrió por mi causa; y así Dios me da fuerzas para soportarlo todo con paciencia."

En fin, las afrentas, la pobreza, los tormentos y todas las tribulaciones, sólo sirven para alejar más de Dios al alma que no le ama; mientras que, cuando le suceden a un alma enamorada de Dios, se convierten en instrumento de unión más estrecha y de amor más ardiente a Dios: Muchas aguas no pueden apagar la caridad[30]. Por muy grandes y penosas que sean las tribulaciones, lejos de apagar las llamas de la caridad, sólo sirven para encenderlas aún más en un alma que no ama más que a Dios.

Pero, ¿por qué nos carga Dios todopoderoso con tantas cruces, y se complace en vernos afligidos, injuriados, perseguidos y maltratados por el mundo? ¿Es acaso un tirano, cuyo carácter cruel le hace alegrarse de nuestros sufrimientos? No: Dios no es en modo alguno tirano ni cruel; es todo compasión y amor para con nosotros; baste decir que ha muerto por nosotros. En efecto, se alegra de nuestros sufrimientos, pero por nuestro bien; porque, sufriendo aquí, quedamos liberados en el más allá de la deuda de los tormentos que justamente debemos a su divina justicia; se alegra de ellos, porque nos apartan de los placeres sensuales de este mundo: cuando una madre quiere destetar a su hijo, le pone hiel en el pecho, para crearle repugnancia; se alegra de ellos, porque le damos, con nuestra paciencia y resignación al soportarlos, una muestra de nuestro amor; en fin, se alegra de ellos, porque contribuyen a aumentar nuestra gloria en el cielo. Tales son las razones por las que el Todopoderoso, en su compasión y amor hacia nosotros, se complace en nuestro sufrimiento.

Concluyamos ahora este capítulo. Para que podamos practicar con provecho la paciencia en todas nuestras tribulaciones, debemos estar plenamente persuadidos de que toda prueba viene de las manos de Dios, ya directamente, ya directamente por medio de los hombres; debemos, pues, dar gracias a Dios siempre que nos veamos acosados por las penas, y aceptar con alegría de corazón todo acontecimiento, próspero o adverso, que proceda de él, sabiendo que todo sucede por su disposición para nuestro bien: A los que aman a Dios, todas las cosas les ayudan a bien[31]. Además de esto, es bueno que en nuestras tribulaciones echemos un vistazo a ese infierno que antes hemos merecido: porque ciertamente todas las penas de esta vida son incomparablemente menores que las terribles penas del infierno. Pero, sobre todo, la oración, por la que obtenemos la asistencia divina, es el gran medio para sufrir con paciencia todas las aflicciones, desprecios y contradicciones; y es la que nos proporcionará la fuerza que no tenemos por nosotros mismos. Los santos estaban persuadidos de esto; se encomendaban a Dios, y así vencían toda clase de tormentos y persecuciones.

Afectos y oraciones.

Oh Señor, estoy plenamente persuadido de que sin sufrir, y sufrir con paciencia, no puedo ganar la corona del Paraíso. David dijo: De Él es mi paciencia.[32] Y yo digo lo mismo; mi paciencia en el sufrimiento debe venir de Ti. Hago muchos propósitos para aceptar en paz todas las tribulaciones; pero apenas llegan, me entristezco y me alarmo; y si sufro, sufro sin mérito y sin amor, porque no sé sufrirlas para agradarte. Oh Jesús mío, por los méritos de tu paciencia al soportar tantas aflicciones por amor a mí, concédeme la gracia de soportar las cruces por amor a Ti. Te amo con todo mi corazón, mi querido Redentor. Te amo, mi soberano bien. Te amo a Ti, amor mío, digno de infinito amor. Estoy afligido por cualquier disgusto que Te haya causado, más que por cualquier mal. Te prometo recibir con paciencia todas las pruebas que me envíes; pero te pido ayuda para ser fiel a mi promesa, y especialmente para poder soportar en paz los dolores de mi última agonía y muerte.

María, Reina mía, vuélveme a obtener una verdadera resignación en todas las angustias y pruebas que me esperan en la vida y en la muerte.

LA CARIDAD LO CREE TODO

EL QUE AMA A JESUCRISTO CREE TODAS SUS PALABRAS

Quien ama a una persona, cree todo lo que sale de sus labios; por consiguiente, cuanto más ama un alma a Jesucristo, tanto más viva e inquebrantable es su fe. Cuando el buen ladrón vio a nuestro Redentor que, sin haber hecho mal alguno, sufría la muerte en la cruz con tanta paciencia, comenzó en seguida a amarle; bajo la influencia de este amor, y de la luz divina que entonces irrumpió en su alma, creyó que éste era verdaderamente el Hijo de Dios, y suplicó no ser olvidado por Él cuando hubiese pasado a su reino.

La fe es el fundamento de la caridad; pero la fe recibe después su perfección de la caridad. Es más perfecta la fe cuyo amor a Dios es más perfecto. La caridad produce en el hombre no sólo la fe del entendimiento, sino también la fe de la voluntad: los que creen sólo con el entendimiento, pero no con la voluntad, como es el caso de los pecadores que están perfectamente convencidos de las verdades de la fe, pero no eligen vivir de acuerdo con los mandamientos divinos, como éstos tienen una fe muy débil; porque si tuvieran una creencia más viva de que la gracia de Dios es un tesoro inestimable, y que el pecado, porque nos roba esta gracia, es el peor de los males, sin duda cambiarían sus vidas. Si, pues, prefieren a las miserables criaturas de esta tierra antes que a Dios, es porque o no creen, o porque su fe es muy débil. Por el contrario, el que cree no sólo con el entendimiento, sino también con la voluntad, de modo que no sólo cree, sino que tiene la voluntad de creer en Dios, el revelador de la verdad, por el amor que le tiene, y se alegra de creer así, ése tiene una fe perfecta y, por consiguiente, procura que su vida sea conforme a las verdades que cree.

La debilidad de la fe, sin embargo, en los que viven en pecado, no proviene de la oscuridad de la fe; porque aunque Dios, para hacer nuestra fe más meritoria, ha velado los objetos de la fe en la oscuridad y el secreto, al mismo tiempo nos ha dado una evidencia tan clara y convincente de su verdad, que no creer en ellos argumentaría no sólo una falta de sentido, sino pura locura e impiedad. La debilidad de la fe de muchas personas se debe a su maldad de vida. El que, antes que renunciar al goce de los placeres prohibidos, desprecia la amistad divina, desearía que no hubiese ley que prohibiese su pecado, ni castigo que lo castigase; por esto se esfuerza en cegarse ante las verdades eternas de la muerte, del juicio y del infierno, y de la justicia divina; y porque tales temas infunden demasiado terror en su corazón, y son demasiado propensos a mezclar amargura en su copa de placer, pone su cerebro a trabajar para descubrir pruebas, que tienen al menos la apariencia de plausibilidad, y por las que se deja halagar hasta la persuasión de que no hay alma, ni Dios, ni infierno, a fin de que pueda vivir y morir como las bestias brutas, sin leyes y sin razón.

Y esta laxitud de costumbres es la fuente de donde han salido, y siguen saliendo diariamente, tantos libros y sistemas de Materialistas, Indiferentistas, Políticos, Deístas y Naturalistas; algunos de ellos niegan la existencia divina, y otros la divina Providencia, diciendo que Dios, después de haber creado a los hombres, no se fija más en ellos, y no le importa si le aman o le odian, si se salvan o se pierden; Otros niegan la bondad de Dios, y sostienen que ha creado innumerables almas para el infierno, convirtiéndose él mismo en su tentador para pecar, a fin de que se condenen y vayan al fuego eterno, para maldecirlo allí para siempre.

¡Oh, ingratitud y maldad de los hombres! Dios los ha creado por su misericordia, para hacerlos eternamente felices en el cielo; ha derramado sobre ellos tantas luces, beneficios y gracias, para llevarlos a la vida eterna; con el mismo fin los ha redimido al precio de tantas penas y sufrimientos; y, sin embargo, se empeñan en negarlo todo, para dar rienda suelta a sus viciosas inclinaciones. Pero no: por más que se esfuercen, los infelices seres no pueden sustraerse al remordimiento de conciencia y al temor de la venganza divina. Sobre este tema he publicado recientemente una obra, titulada La verdad de la fe, en la que he mostrado claramente la inconsistencia de todos estos sistemas de los incrédulos modernos. Oh, si por una vez abandonaran el pecado y se aplicaran fervientemente al amor de Jesucristo, entonces con toda seguridad desecharían todas las dudas acerca de las cosas de la fe, y creerían firmemente todas las verdades que Dios ha revelado.

El verdadero amante de Jesucristo mantiene constantemente a la vista las verdades eternas y ordena todas sus acciones de acuerdo con ellas. Oh, cuán plenamente comprende el que ama a Jesucristo la fuerza de aquel dicho del Sabio: Vanidad de vanidades, y todo es vanidad. [1] que toda grandeza terrena es mero humo, suciedad y engaño; que el único bienestar y felicidad del alma consiste en amar a su Creador y en cumplir su bendita voluntad; que, en realidad, no somos más que lo que somos ante Dios; que de nada sirve ganar el mundo entero, si el alma está perdida; que todos los bienes del mundo nunca podrán satisfacer el corazón del hombre hu, sino sólo Dios mismo; y, en fin, que debemos dejarlo todo para ganarlo todo.

La caridad todo lo cree. [Hay otros cristianos, aunque no tan perversos como la clase que hemos mencionado, que preferirían no creer en nada, para poder dar rienda suelta a sus pasiones rebeldes, y vivir sin ser molestados por los aguijones del remordimiento; hay otros, digo, que creen, ciertamente, pero su fe es lánguida; creen en los santísimos misterios de la religión, en las verdades de la Revelación contenidas en el Evangelio, en la Trinidad, en la Redención, en los santos Sacramentos, y en lo demás; pero no creen en todo. Jesucristo ha dicho: Bienaventurados los pobres; bienaventurados los tristes; bienaventurados los mortificados; bienaventurados aquellos a quienes los hombres persiguen, calumnian y maldicen. Bienaventurados los pobres; bienaventurados los que padecen hambre; bienaventurados los que sufren persecución; bienaventurados seréis cuando los hombres os injurien y digan toda clase de mal contra vosotros[3]. Esta es la enseñanza de Jesucristo en el Evangelio. ¿Cómo, pues, puede decirse que creen en el Evangelio los que dicen: "Bienaventurados los que tienen dinero; bienaventurados los que no sufren nada; bienaventurados los que pueden tomar sus diversiones; lastimoso el hombre que sufre persecución y malos tratos de los demás"? Ciertamente debemos decir de los tales que, o no creen en el Evangelio, o creen sólo una parte de él. El que lo cree todo considera su mayor fortuna, y una señal del favor divino en este mundo, ser pobre, estar enfermo, ser mortificado, ser despreciado y maltratado por los hombres. Tal es la creencia, y tal el lenguaje, de quien cree todo lo que dice el Evangelio y tiene verdadero amor a Jesucristo.

Afectos y oraciones.

Mi amado Redentor, oh vida de mi alma, creo firmemente que Tú eres el único bien digno de ser amado. Creo que Tú eres el mayor amante de mi alma, ya que sólo por amor moriste, abrumado de dolores por amor a mí. Creo que no hay mayor bendición en este mundo, ni en el venidero, que amarte a Ti y cumplir tu adorable voluntad. Todo esto lo creo firmemente; por eso renuncio a todas las cosas, para pertenecerte enteramente a

Ti, y para poseerte sólo a Ti. Ayúdame, por los méritos de tu sagrada Pasión, y hazme tal como Tú quieres que sea. Creo en Ti, oh verdad infalible. Confío en Ti, ¡oh misericordia infinita! Te amo, ¡oh bondad infinita! Oh amor infinito, me entrego enteramente a Ti, que te has entregado enteramente a mí en tu Pasión y en el santo Sacramento del Altar. Y me encomiendo a Ti, oh María, refugio de los pecadores y Madre de Dios.

LA CARIDAD LO ESPERA TODO

EL QUE AMA A JESUCRISTO ESPERA DE ÉL TODAS LAS COSAS

La esperanza aumenta la caridad, y la caridad aumenta la esperanza. La esperanza en la bondad divina aumenta indudablemente nuestro amor a Jesucristo. Santo Tomás dice que en el mismo momento en que esperamos recibir algún beneficio de una persona, comenzamos también a amarla[1]. Por eso, el Señor nos prohíbe poner nuestra confianza en las criaturas: No confiéis en los príncipes. [2] Además, pronuncia una maldición sobre quienes lo hacen: Maldito el hombre que confió en el hombre. [3] Dios no quiere que confiemos en las criaturas, porque no quiere que fijemos en ellas nuestro amor. De ahí que San Vicente de Paúl dijera: "Guardémonos de depositar demasiada confianza en los hombres; porque cuando Dios nos ve apoyarnos así en ellos, Él mismo se aparta de nosotros." En cambio, cuanto más confiemos en Dios, más avanzaremos en su santo amor: He corrido el camino de tus mandamientos, cuando ensanchaste mi corazón. [4] ¡Oh, cuán rápidamente avanza en la perfección el alma que tiene el corazón dilatado por la confianza en Dios! Vuela en vez de correr, porque al hacer de Dios el fundamento de toda su esperanza, deja a un lado su propia debilidad y toma prestada la fuerza de Dios mismo, que se comunica a todos los que ponen su confianza en Él: Los que esperan en el Señor renovarán sus fuerzas, tomarán alas como las águilas, correrán y no se cansarán, caminarán y no se fatigarán. [5] El águila es el ave que se eleva más cerca del sol; del mismo modo, el alma que tiene a Dios por su confianza se desprende de la tierra y se une cada vez más a Dios por el amor.

Así como la esperanza acrecienta el amor de Dios, así también el amor contribuye a acrecentar la esperanza; porque la caridad nos hace hijos adoptivos de Dios. En el orden natural somos obra de sus manos; pero en el sobrenatural somos hechos hijos de Dios, y partícipes de la naturaleza divina, por los méritos de Jesucristo; como escribe el Apóstol San Pedro: Para que por ellos seáis hechos partícipes de la naturaleza divina. [6] Y si la caridad nos hace hijos de Dios, por consiguiente nos hace herederos del Cielo, según San Pablo: Y si hijos, también herederos. [7] Ahora bien, un hijo reclama el derecho de permanecer bajo el techo paterno; un heredero tiene derecho a la propiedad; y así, la caridad aumenta la esperanza del Paraíso: de modo que las almas que aman a Dios gritan incesantemente: "¡Venga a nosotros tu reino, venga a nosotros tu reino!". Además, Dios ama a los que Le aman: Yo amo a los que Me aman. [8] Derrama sus gracias sobre los que le buscan por amor: El Señor es bueno con el alma que lo busca. [9] Por consiguiente, el alma que más ama a Dios es la que más esperanza tiene en su bondad. Esta confianza produce en los santos aquella imperturbable tranquilidad que los hace estar siempre alegres y llenos de paz, aun en medio de las más duras pruebas; porque su amor a Jesucristo, y su persuasión de su liberalidad para con los que le aman, les lleva a confiar únicamente en Él; y así, encuentran un reposo duradero. La sagrada esposa abundaba en delicias, porque no amaba a nadie más que a su Esposo, y se apoyaba enteramente en Él; estaba llena de contento, pues bien sabía cuán generoso es su amado para con todos los que le aman; por eso de ella está escrito: ¿Quién es ésta que sube del desierto, rebosante de delicias, apoyada en su Amado? [10] Estas palabras del Sabio son muy ciertas: Todas las cosas buenas vienen a mí junto con ella. [11] Con la caridad se introducen en el alma todas las bendiciones.

El objeto primordial de la esperanza cristiana es Dios, de Quien el alma goza en el reino de los cielos. Pero no debemos suponer que la esperanza de gozar de Dios en el Paraíso sea obstáculo alguno para la caridad; pues la esperanza del Paraíso está inseparablemente unida a la caridad, que allí recibe su plena y completa perfección. La caridad es ese tesoro infinito, del que habla el Sabio, que nos hace amigos de Dios: Un tesoro infinito para los hombres, que aquellos que lo usan se convierten en amigos de Dios. [12] El angélico Doctor Santo Tomás dice que la amistad se funda en la mutua comunicación de bienes; pues como la amistad no es más que un mutuo amor entre amigos, se sigue que debe haber un recíproco intercambio del bien que cada uno posee. [13] De ahí que el Santo diga: "Si no hay comunicación, no hay amistad". Por eso dice Jesucristo a sus discípulos: Os he llamado amigos, porque todo lo que he oído a mi Padre os lo he dado a conocer[14]. Puesto que los había hecho sus amigos, les había comunicado todos sus secretos. San

Francisco de Sales dice: "Si, por una suposición de lo que es imposible, pudiera haber un bien infinito (que es un Dios) a Quien no perteneciéramos de ninguna manera, y con Quien no pudiéramos tener ninguna unión o comunicación, ciertamente deberíamos estimarlo más que a nosotros mismos; de modo que podríamos sentir un gran deseo de poder amarlo; pero no deberíamos amarlo realmente, porque el amor se construye sobre la unión; porque el amor es una amistad, y el fundamento de la amistad es tener cosas en común; y su fin es la unión."[15.] Así Santo Tomás de Aquino dice: "El amor es una amistad, y el fundamento de la amistad es tener cosas en común; y su fin es la unión." [16.] Así Santo Tomás nos enseña que la caridad no excluye el deseo de la recompensa que Dios Todopoderoso nos tiene preparada en el Cielo. Al contrario, nos hace mirarla como el objeto principal de nuestro amor, pues tal es Dios, que constituye la bienaventuranza del Paraíso; pues la amistad implica que los amigos se regocijen unos con otros.

La Esposa en los Cánticos se refiere a este intercambio recíproco de bienes cuando dice: Mi Amado a mí y yo a Él. [16] En el Cielo el alma pertenece enteramente a Dios, y Dios pertenece enteramente al alma, según la medida de su capacidad y de sus méritos. Pero por la persuasión que el alma tiene de su propia nada en comparación con los infinitos atractivos de Dios Todopoderoso, y consciente en consecuencia de que las pretensiones de Dios sobre su amor son sin medida mayores de lo que las suyas pueden ser sobre el amor de Dios, está por tanto más ansiosa de procurar el placer divino que su propio disfrute; De modo que se complace más en el placer que proporciona a Dios Todopoderoso entregándose enteramente a El, que en el que Dios se entrega enteramente a ella; pero al mismo tiempo se deleita cuando Dios se entrega así a ella, en cuanto que de este modo se anima a entregarse a Dios con mayor intensidad de amor. En efecto, se alegra de la gloria que Dios le da, pero con el único fin de devolverla al mismo Dios, y de hacer así todo lo posible para aumentar la gloria divina. A la vista de Dios en el Cielo, el alma no puede dejar de amarle con todas sus fuerzas; por otra parte, Dios no puede odiar a nadie que le ame: pero si (suponiendo lo que es imposible) Dios pudiera odiar a un alma que le ama, y si un alma beatificada pudiera existir sin amar a Dios, preferiría con mucho soportar todas las penas del Infierno, a condición de que se le permitiera amar a Dios tanto como Él la odiara, que vivir sin amar a Dios, aunque pudiera gozar de todas las demás delicias del Paraíso. Así es; porque la convicción que tiene el alma de las ilimitadas pretensiones de Dios sobre su amor, le da un mayor deseo de amar a Dios que de ser amada por Él.

Santo Tomás, con el Maestro de las Sentencias, define la esperanza cristiana como una "segura expectación de la felicidad eterna"[17]. Su certeza proviene de la promesa infalible de Dios de dar la vida eterna a sus siervos fieles. Ahora bien, la caridad, al quitar el pecado, quita al mismo tiempo todos los obstáculos que nos impiden alcanzar la felicidad de los bienaventurados; por eso, cuanto mayor es nuestra caridad, mayor y más firme es también nuestra esperanza. La esperanza, por otra parte, no puede en modo alguno interferir con la pureza del amor, porque, según la observación de San Dionisio Areopagita, el amor tiende naturalmente a la unión con el objeto amado; o, como San Agustín afirma en términos más fuertes, el amor mismo es como una cadena de oro que une los corazones del amante y del amado. "El amor es como una especie de lazo que une a dos"[18]. Y como esta unión nunca puede verse afectada en la distancia, la persona que ama siempre anhela la presencia del objeto de su amor. La sagrada esposa languidecía en ausencia de su amado y suplicaba a sus compañeras que le hicieran partícipe de su dolor, para que Él viniera a consolarla con su presencia: Os conjuro, hijas de Jerusalén, que si encontráis a mi Amado, le digáis que languidezco de amor. [19] Un alma que ama sobremanera a Jesucristo no puede menos de desear y esperar, si permanece en la tierra, ir sin demora a unirse con su amado Señor en el Cielo.

Así, vemos que el deseo de ir a ver a Dios en el cielo, no tanto por el deleite que experimentaremos al amar a Dios, como por el placer que proporcionaremos a Dios al amarle, es amor puro y perfecto. Tampoco el gozo de los bienaventurados en el cielo es un obstáculo para la pureza de su amor; tal gozo es inseparable de su amor; pero se sienten mucho más satisfechos de su amor a Dios que del gozo que les proporciona. Alguien dirá tal vez: Pero el deseo de una recompensa es más bien un amor de concupiscencia que un amor de amistad. Debemos, pues, distinguir entre las recompensas temporales prometidas por los hombres y las recompensas eternas del Paraíso prometidas por Dios a los que le aman: las recompensas dadas por los hombres son distintas de sus propias personas e independientes de ellas, puesto que no se otorgan a sí mismos, sino sólo sus bienes, cuando quieren remunerar a otros; por el contrario, la recompensa principal que Dios da a los bienaventurados es el don de sí mismo: Yo soy tu recompensa sobremanera grande. [20] Por tanto, desear el Cielo es lo mismo que desear a Dios, que es nuestro último fin.

Quiero proponer aquí una duda, que puede surgir en la mente de uno que ama a Dios y se esfuerza por conformarse en todas las cosas a su bendita voluntad. Si alguna vez se le revelase que se perderá eternamente, ¿estaría obligado a someterse a ello con resignación, a practicar la conformidad con la voluntad de Dios? Santo Tomás dice que no; y además, que pecaría consintiendo en ello, porque consentiría en vivir en un estado que implica pecado, y es contrario al fin último para el que Dios la creó; pues Dios no creó las almas para que le odiasen en el Infierno, sino para que le amasen en el Cielo: de modo que ni siquiera desea la muerte del pecador, sino que todos se conviertan y salven. El santo Doctor dice que Dios no quiere que nadie se condene sino por el pecado; y, por tanto, una persona, al consentir en su condenación, no obraría conforme a la voluntad de Dios, sino a la voluntad del pecado. [21] Pero supongamos que Dios, previendo el pecado de una persona, hubiera decretado su condenación, y que este decreto le fuera revelado, ¿estaría obligada a consentir en ello? En el mismo pasaje el Santo dice: de ninguna manera; porque tal revelación no debe ser tomada como un decreto irrevocable, sino hecha meramente a modo de comunicación, como una amenaza de lo que seguiría si persistiera en el pecado.

Pero que cada uno destierre de su mente tales pensamientos nefastos, que sólo están calculados para enfriar su confianza y su amor. Amemos a Jesucristo tanto como sea posible aquí abajo; estemos siempre suspirando por ir allá y contemplarle en el Paraíso, para que allí podamos amarle perfectamente; hagamos que el gran objeto de todas nuestras esperanzas sea ir allá para amarle con todas nuestras fuerzas. Incluso en esta vida se nos ordena amar a Dios con todas nuestras fuerzas: Amarás al Señor tu Dios con todo tu corazón, con toda tu alma y con todas tus fuerzas [22]; pero el Doctor Angélico [23] dice que el hombre no puede cumplir perfectamente este precepto en la tierra; sólo Jesucristo, que era Dios y Hombre a la vez, y María Santísima, que estaba llena de gracia y libre del pecado original, lo cumplieron perfectamente. Pero nosotros, miserables hijos de Adán, infectados como estamos por el pecado, no podemos amar a Dios sin alguna imperfección; y sólo en el Cielo, cuando veamos a Dios cara a cara, le amaremos, es más, nos veremos obligados a amarle con todas nuestras fuerzas.

He aquí, pues, el alcance de todos nuestros deseos y aspiraciones, de todos nuestros pensamientos y ardientes esperanzas: ir a gozar de Dios en el Cielo, amarle con todas nuestras fuerzas y gozar en el goce de Dios. Los bienaventurados se alegran ciertamente de su propia felicidad en aquel reino de delicias; pero la fuente principal de su felicidad, y la que absorbe todas las demás, es saber que su amado Señor posee una felicidad infinita; porque aman a Dios incomparablemente más que a sí mismos. Cada uno de los bienaventurados siente tal amor por Él, que de buena gana perdería toda la felicidad y sufriría los tormentos más crueles, antes que Dios perdiera (si le fuera posible perder) una sola partícula, aunque fuera la más pequeña, de su felicidad. Por lo tanto, la visión de la felicidad infinita de Dios, y el conocimiento de que nunca puede sufrir disminución por toda la eternidad, constituye su Paraíso. Este es el significado de lo que nuestro Señor dice a cada alma a la que concede la posesión de la gloria eterna: Entra en la alegría de tu Señor.

[24] No es la alegría la que entra en el alma bienaventurada, sino el alma la que entra en la alegría de Dios, ya que la alegría de Dios es el objeto de la alegría de los bienaventurados. Así, el bien de Dios será el bien de los bienaventurados; las riquezas de Dios serán sus riquezas, y la felicidad de Dios será su felicidad.

En el instante en que un alma entra en el Cielo y ve por la luz de la gloria la infinita belleza de Dios cara a cara, queda al instante arrebatada y toda consumida de amor. El alma feliz está entonces como perdida y sumergida en ese océano ilimitado de la bondad de Dios. Entonces se olvida de sí misma y, embriagada por el amor divino, sólo piensa en amar a su Dios: *Se embriagarán con la abundancia de Tu Casa.* [25] Como una persona embriagada ya no piensa en sí misma, así un alma en la bienaventuranza sólo puede pensar en amar y deleitar a su amado Señor; desea poseerlo enteramente, y de hecho lo posee, sin temor de perderlo más; desea entregarse enteramente a Él, en cada momento, y de hecho lo posee porque en cada momento se ofrece a Dios sin reservas, y Dios la recibe en Sus abrazos amorosos, y así la sostiene, y la sostendrá en los mismos abrazos amorosos por toda la eternidad.

De este modo, el alma está completamente unida a Dios en el Cielo y lo ama con todas sus fuerzas; su amor es perfectísimo y completo, y aunque necesariamente finito, ya que una criatura no es capaz de un amor infinito, sin embargo la hace perfectamente feliz y contenta, de modo que no desea nada más. Por otra parte, Dios Todopoderoso se comunica y se une enteramente al alma, colmándola de Sí mismo proporcionalmente a sus méritos; y esta unión no es meramente por medio sólo de sus dones, luces y atracciones amorosas, como sucede durante la vida presente, sino por su propia esencia. Como el fuego penetra en el hierro y parece transformarlo en sí mismo, así Dios penetra en el alma y la llena de Sí mismo; y aunque ella nunca pierde su propio ser, sin embargo queda tan penetrada y absorbida por ese inmenso océano de la sustancia divina, que queda, por decirlo así, aniquilada y como si dejara de existir. El Apóstol rogó por esta feliz suerte para sus discípulos cuando dijo: *Para que seáis llenos de toda la plenitud de Dios.* [26]

Y éste es el último fin, que la bondad de Dios ha señalado para nosotros en la vida venidera. De ahí que el alma nunca pueda gozar de perfecto reposo en la tierra; porque sólo en el Cielo puede obtener la perfecta unión con Dios. Es verdad que los amantes de Jesucristo encuentran la paz en la práctica de la perfecta conformidad con la voluntad de Dios; pero no pueden encontrar en esta vida el reposo completo; éste sólo se obtiene cuando se consigue nuestro último fin; es decir, cuando vemos a Dios cara a cara, y nos consumimos en su divino amor; y mientras el alma no alcanza este fin, está mal, y gime y suspira, diciendo: He aquí que en la paz está mi amargura más amarga. [27] Sí, oh Dios mío, vivo en paz en este valle de lágrimas, porque tal es Tu voluntad; pero no puedo dejar de sentir indecible amargura al encontrarme a distancia de Ti, y no estar todavía perfectamente unida a Ti, que eres mi centro mi todo, y la plenitud de mi reposo.

Por esta razón, los santos, aunque todos estaban inflamados por el amor de Dios, no hacían más que suspirar por el Paraíso. David gritaba: ¡Ay de mí, que se prolonga mi morada! [28] Me saciaré cuando aparezca tu gloria. [29] San Pablo dijo de sí mismo: Deseando estar con Cristo. [30] San Francisco de Asís dijo:

"Busco tal necesidad de bienaventuranza,

que todo mi dolor parece felicidad". [31]

El Doctor Angélico nos enseña que el mayor grado de caridad que un alma puede alcanzar en la tierra, es desear intensamente ir a unirse con Dios y gozar de Él en el Cielo [32]. Pero, como ya hemos visto, este goce de Dios en el Cielo no consiste tanto en la fruición de las delicias que allí le prodiga Dios Todopoderoso, cuanto en el placer que siente en la felicidad del mismo Dios, a Quien ama incomparablemente más que a sí misma.

Las Santas Almas del Purgatorio no sienten dolor más agudo que el de su anhelo de poseer a Dios, de Quien permanecen aún a distancia. Y este tipo de dolor afligirá especialmente a aquellos que en vida tuvieron muy poco deseo del Paraíso. El Cardenal Belarmino [33] también dice que hay un lugar en el Purgatorio llamado "prisión del honor", donde ciertas almas no son atormentadas con ningún dolor de los sentidos, sino simplemente con el dolor de la privación de la vista de Dios; ejemplos de esto son relatados por San Gregorio, el Venerable Bede, San Vicente Ferrer y Santa Brígida; y este castigo no es por la comisión del pecado, sino por la frialdad en desear el Cielo. Muchas almas aspiran a la perfección; pero a las demás les es demasiado indiferente ir a gozar de la vista de Dios o continuar en la tierra. Pero la vida eterna es un bien inestimable, que ha sido comprado por la muerte de Jesucristo; y Dios castiga a las almas que han sido negligentes durante la vida en sus deseos de obtenerla.

Afectos y oraciones

Oh Dios, Creador y Redentor mío, que me has creado para el Cielo, que me has redimido del infierno para llevarme al Cielo, y que tantas veces he renunciado por mis pecados a mi derecho al Cielo, y me he contentado con verme condenado al infierno. Pero bendita sea por siempre tu infinita misericordia, que, espero, me ha perdonado, y muchas veces me ha rescatado de la perdición. Ah, Jesús mío, ¡ojalá nunca te hubiera ofendido, ojalá siempre te hubiera amado! Me alegro de que al menos todavía tengo tiempo para hacerlo. Te amo. Oh amor de mi alma, te amo con todo mi corazón, te amo más que a mí mismo. Veo claramente que quieres salvarme, para que pueda amarte por toda la eternidad en ese reino de amor. Te doy gracias y te suplico que me ayudes durante el resto de mi vida, en la que deseo amarte más ardientemente, para poder amarte ardientemente en la eternidad. Ah, Jesús mío. ¿Cuándo llegará el día que me libre de todo peligro de perderte, que me consuma de amor, desvelando ante mis ojos tu infinita belleza, de modo que me vea en la necesidad de amarte? ¡Oh, dulce necesidad! ¡Oh, feliz y querida y deseadísima necesidad, que me librará de todo temor de desagradarte cada vez más y me obligará a amarte con todas mis fuerzas! Mi conciencia me alarma y me dice: "¿Cómo puedes presumir de entrar en el Cielo?". Pero, mi queridísimo Redentor, Tus méritos son toda mi esperanza.

Oh María, Reina del Cielo, tu intercesión es todopoderosa ante Dios, ¡en Ti pongo mi confianza!

LA CARIDAD LO SOPORTA TODO

EL QUE AMA A JESUCRISTO CON UN AMOR FUERTE NO DEJA DE AMARLO EN MEDIO DE TODA CLASE DE TENTACIONES Y DESOLACIONES

No son los dolores de la pobreza, de la enfermedad, de la deshonra y de la persecución, los que más afligen en esta vida a las almas que aman a Dios, sino las tentaciones y desolaciones del espíritu. Mientras un alma está en el goce de la presencia amorosa de Dios, está tan lejos de afligirse por todas las aflicciones e ignominias y ultrajes de los hombres, que, más bien, se siente confortada por ellos, ya que le proporcionan una oportunidad de mostrar a Dios una muestra de su amor; sirven, en resumen, como combustible para encender su amor más y más. Pero verse solicitada por las tentaciones a perder la gracia divina, o en la hora de la desolación creer que ya la ha perdido, ¡oh, son tormentos demasiado crueles de soportar para quien ama a Jesucristo con todo su corazón! Sin embargo, el mismo amor le da fuerzas para soportarlo todo con paciencia, y para seguir el camino de la perfección, en el que ha entrado. Y, ¡oh, qué progresos hacen esas almas por medio de estas pruebas, que Dios se complace en enviarles para probar su amor!

I.

Las tentaciones.

Las tentaciones son las pruebas más penosas que pueden acaecer a un alma que ama a Jesucristo; acepta con resignación todos los demás males, como calculados sólo para ligarla a una unión más estrecha con Dios; pero las tentaciones de cometer pecado la conducirían, como dijimos antes, a una separación de Jesucristo; y por esta razón le son más intolerables que todas las demás aflicciones.

Por qué Dios permite las tentaciones

Debemos saber, sin embargo, que aunque ninguna tentación al mal puede venir nunca de Dios, sino sólo del diablo o de nuestras propias inclinaciones corruptas: porque Dios no es un tentador de males, y no tentó a ningún hombre; [1] sin embargo, Dios permite a veces que sus almas más queridas sean las más gravemente tentadas.

En primer lugar, para que el alma aprenda mejor de las tentaciones su propia debilidad y la necesidad que tiene del auxilio divino para no caer. Mientras el alma es favorecida con los consuelos celestiales, se siente capaz de vencer cualquier asalto del enemigo y de llevar a cabo cualquier empresa para la gloria de Dios. Pero cuando es fuertemente tentada y está casi tambaleándose al borde del precipicio, y a punto de caer, entonces se da mejor cuenta de su propia miseria y de su incapacidad para resistir, si Dios no viniera a rescatarla. Así le sucedió a San Pablo, quien nos dice que Dios había permitido que se viera turbado por la tentación del placer sensual, para mantenerlo humilde después de las revelaciones con las que Dios lo había favorecido: Y para que la grandeza de las revelaciones no me enalteciera, me fue dado un aguijón de mi carne, un Ángel de Satanás para que me abofeteara. [2]

Además, Dios permite las tentaciones con el fin de que nos desprendamos más completamente de esta vida, y para encender en nosotros el deseo de ir a contemplarle en el Cielo. Por eso las almas piadosas, al verse atacadas día y noche por tantos enemigos, llegan a sentir aversión por la vida, y exclaman: ¡Ay de mí, que se prolonga mi estancia! [3] Y suspiran por el momento en que puedan decir: La trampa se ha roto y hemos sido liberados. [4] El alma alzaría de buena gana su vuelo hacia Dios; pero mientras vive en esta tierra, está atada por un lazo que la detiene aquí abajo, donde es continuamente asaltada por las tentaciones; este lazo sólo se rompe con la muerte: de modo que las almas que aman a Dios suspiran por la muerte, que las librará de todo peligro de perderle.

Dios todopoderoso, además, permite que seamos tentados, para hacernos más ricos en méritos, como se dijo a Tobías: Y porque eras aceptable a Dios, era necesario que las tentaciones te probasen. [5] Así, un alma no necesita imaginarse fuera del favor de Dios porque sea tentada, sino que debe hacer de ello más bien un motivo de esperanza de que Dios la ama. Es un engaño del demonio hacer suponer a algunos pusilánimes que las tentaciones son pecados que contaminan el alma. No son los malos pensamientos los que nos hacen perder a Dios, sino el consentir en ellos; por muy violentas que sean las sugestiones del demonio, por muy vivas que sean esas sucias imaginaciones que sobrecargan nuestras mentes, no pueden echar la menor mancha en nuestras almas, con tal de que no les demos nuestro consentimiento; al contrario, hacen el alma más pura, más fuerte y más querida a Dios Todopoderoso. San Bernardo dice que cada vez que vencemos una tentación, ganamos una nueva corona en el Cielo: "Cuantas veces vencemos, tantas veces somos coronados." [6] Un Ángel se apareció una vez a un monje cisterciense, y le puso una corona en las manos, con orden de que se la llevara a uno de sus correligionarios, como premio por la tentación que había vencido últimamente.

Tampoco debemos turbarnos si los malos pensamientos no desaparecen inmediatamente de nuestra mente, sino que continúan obstinadamente persiguiéndonos; basta con que los detestemos y hagamos todo lo posible por desterrarlos. Dios es fiel, dice el Apóstol; no permitirá que seamos tentados por encima de nuestras fuerzas: Fiel es Dios, que no os dejará ser tentados por encima de vuestras fuerzas, sino que hará también que con la tentación salgáis airosos, para que podáis soportarla. [7] Así, una persona, lejos de perder nada por las tentaciones, saca gran provecho de ellas. Por eso Dios permite con frecuencia que las almas más queridas sufran las más duras tentaciones, para que las conviertan en fuente de mayor mérito en la tierra y de mayor gloria en el cielo. El agua estancada pronto se vuelve pútrida; un alma que se deja en paz, sin ninguna lucha o tentación, está en gran peligro de perecer por algún engreimiento de su propio mérito; ella tal vez se imagina que ya ha alcanzado la perfección, y por lo tanto tiene poco miedo; y en consecuencia se toma poco esfuerzo para recomendarse a Dios y asegurar su salvación; pero cuando, por el contrario, se siente agitada por las tentaciones y se ve en peligro de precipitarse en el pecado, entonces recurre a Dios, acude a la divina Madre, renueva su propósito de morir antes que pecar, se humilla y se arroja en los brazos de la divina misericordia: de este modo, como nos demuestra la experiencia, el alma adquiere nuevas fuerzas y una unión más estrecha con Dios.

Esto, sin embargo, no debe llevarnos a buscar las tentaciones; al contrario, debemos rogar a Dios que nos libre de las tentaciones, y de aquellas más especialmente por las que Dios prevé que hemos de ser vencidos; y éste es precisamente el objeto de aquella petición del Padre nuestro: No nos dejes caer en la tentación [8]; pero cuando, con el permiso de Dios, nos vemos acosados por las tentaciones, debemos entonces, sin alarmarnos ni desanimarnos por esos malos pensamientos, confiar enteramente en Jesucristo, y suplicarle que nos ayude; y Él, por su parte, no dejará de darnos la fuerza para resistir. San Agustín dice: "Échate sobre Él, y no temas; Él no se retirará para dejarte caer"[9].

Remedios contra las tentaciones

Pasemos ahora a los medios que debemos emplear para vencer las tentaciones. Los maestros espirituales prescriben una variedad de medios; pero el más necesario, y el más seguro (del cual sólo hablaré aquí), es recurrir inmediatamente a Dios con toda humildad y confianza; diciendo: Inclínate en mi ayuda, oh Dios, oh Señor, ¡apresúrate a socorrerme! [10] Esta breve oración nos permitirá vencer los asaltos de todos los demonios del infierno, pues Dios es infinitamente más poderoso que todos ellos. Dios todopoderoso sabe muy bien que por nosotros mismos somos incapaces de resistir a las tentaciones de las potencias infernales; y por esta razón el doctísimo Cardenal Gotti observa, "que siempre que somos asaltados, y estamos en peligro de ser vencidos, Dios está obligado a darnos fuerza suficiente para resistir tantas veces como se lo pidamos"[11].

¿Y cómo podemos dudar de recibir ayuda de Jesucristo, después de todas las promesas que nos ha hecho en las Sagradas Escrituras? Venid a Mí todos los que estáis fatigados y cargados, y Yo os aliviaré. [Venid a Mí los que estáis fatigados luchando contra las tentaciones, y Yo os devolveré las fuerzas. Invócame en el día de la angustia; te libraré y me honrarás. [13] Cuando te veas acosado por tus enemigos, invócame, y te sacaré del peligro, y me alabarás. Entonces invocarás, y el Señor oirá; clamarás, y Él dirá: Heme aquí. [14] Entonces invocarás al Señor en busca de ayuda, y Él te oirá; gritarás: ¡Rápido, Señor, ayúdame! y Él te dirá: He aquí que estoy aquí, presente para ayudarte. ¿Quién lo invocó y Él lo despreció? [¿Quién, dice el profeta, ha invocado a Dios y Dios lo ha despreciado sin socorrerlo? David se sentía seguro de no caer nunca presa de sus enemigos, mientras pudiera recurrir a la oración; dice: Alabando, invocaré al Señor, y seré salvo de mis enemigos. [16] Porque bien sabía que Dios está cerca de todos los que invocan su ayuda: El Señor está cerca de todos los que lo invocan. [17] Y san Pablo añade que el Señor no es de ningún modo parco, sino pródigo en gracias para con todos los que le ruegan: Rico con todos los que le invocan. [18]

Oh, quiera Dios que todos los hombres recurrieran a Él cada vez que se sienten tentados de ofenderle; entonces, ciertamente, nunca cometerían pecado. Desgraciadamente caen, porque, llevados por las apetencias de sus viciosos apetitos, prefieren perder a Dios, el bien soberano, que renunciar a sus miserables placeres efímeros. La experiencia nos da pruebas manifiestas de que quien invoca a Dios en la tentación no cae; y quien deja de invocarle, con la misma seguridad cae, y esto es especialmente cierto en las tentaciones de impureza. El mismo Salomón decía que sabía muy bien que no podía ser casto, a menos que Dios le diera la gracia de serlo; y por eso lo invocaba por medio de la oración en el momento de la tentación: Y como sabía que no podría ser continente de otro modo, a menos que Dios me lo diera, . . . acudí al Señor y se lo supliqué. [19] En las tentaciones contra la pureza (y lo mismo vale para las tentaciones contra la fe), debemos tener por norma no luchar nunca cuerpo a cuerpo contra la tentación, sino esforzarnos inmediatamente por librarnos de ella indirectamente, haciendo un buen acto de amor a Dios o de dolor por nuestros pecados, o bien dedicándonos a alguna ocupación indiferente que nos distraiga. En el mismo instante en que descubrimos un pensamiento de mala tendencia, debemos repudiarlo inmediatamente, y (por así decirlo) cerrarle la puerta en las narices, y negarle toda entrada en la mente, sin demorarnos lo más mínimo en examinar su objeto o propósito. Debemos desechar estas suposiciones tan rápidamente como sacudiríamos una chispa caliente del fuego.

Si la tentación impura ya ha forzado su camino en la mente, y claramente muestra su objeto a la imaginación, para despertar las pasiones, entonces, de acuerdo con el consejo de San Jerónimo, debemos estallar en estas palabras: "Oh Señor, Tú eres mi ayudador". [20] Tan pronto, dice el Santo, como sintamos el aguijón de la concupiscencia, debemos recurrir a Dios, y decir: "Debemos invocar los santísimos nombres de Jesús y de María, que poseen una maravillosa eficacia en la supresión de las tentaciones de esta naturaleza. San Francisco de Sales dice que los niños, en cuanto ven un lobo, buscan inmediatamente refugio en los brazos de su padre y de su madre, y allí permanecen fuera de todo peligro. Nuestra conducta debe ser la misma: debemos huir sin demora en busca de socorro a Jesús y a María, invocándolos fervorosamente. Repito que debemos recurrir a ellos al instante, sin dar ni un momento de audiencia a la tentación, ni disputarla. Se cuenta en el cuarto párrafo del Libro de las Sentencias de los Padres, [21] que un día San Pacomio oyó al diablo jactarse de que con frecuencia había sacado lo mejor de cierto monje por haberle prestado oídos, y no haberse vuelto al instante para invocar a Dios. Oyó a otro diablo, por el contrario, proferir esta queja: En cuanto a mí, nada puedo hacer con mi monje, porque nunca deja de recurrir a Dios, y siempre me vence.

Sin embargo, si la tentación persiste obstinadamente en atacarnos, guardémonos de turbarnos o enojarnos por ella, pues esto podría poner en poder de nuestro enemigo el vencernos. Debemos, en tales ocasiones, hacer un acto de humilde resignación a la voluntad de Dios, que cree conveniente permitir que seamos atormentados por estas abominables tentaciones; y debemos decir: Oh Señor, merezco ser molestado con estas sucias sugestiones, en castigo de mis pecados pasados; pero Tú debes ayudarme a liberarme. Y si la tentación dura, no dejemos nunca de invocar a Jesús y a María. También es muy provechoso, en la misma importunidad de las tentaciones, renovar a Dios nuestro firme propósito de sufrir todos los tormentos, y mil muertes, antes que ofenderle; y al mismo tiempo, debemos invocar su divina asistencia. E incluso si la tentación fuera de tal violencia que nos pusiera en riesgo inminente de consentir a ella, entonces debemos redoblar nuestras oraciones, apresurarnos a la presencia del Santísimo Sacramento, arrojarnos a los pies del Crucifijo, o de alguna imagen de nuestra Santísima Señora, y allí orar con mayor fervor, y clamar por ayuda con gemidos y lágrimas. Dios está ciertamente dispuesto a escuchar a todos los que le rezan; y es sólo de Él, y no de nuestros propios esfuerzos, de quien debemos buscar la fuerza para resistir; pero a veces Dios Todopoderoso quiere estas luchas nuestras, y entonces compensa nuestra debilidad y nos concede la victoria. También es una práctica excelente, en el momento de la tentación, hacer la Señal de la Cruz en la frente y en el pecho. También es de gran utilidad descubrir la tentación a nuestro director espiritual. San Felipe Neri solía decir que una tentación descubierta está medio vencida.

Aquí convendrá observar, lo que es unánimemente admitido por todos los teólogos, incluso de la escuela rigorista, que las personas que durante un considerable período de tiempo han llevado una vida virtuosa, y viven habitualmente en el temor de Dios, siempre que tengan dudas, y no estén seguros de si han dado su consentimiento a un pecado grave, deben estar perfectamente seguros de que no han perdido la gracia divina; porque es moralmente imposible que la voluntad, confirmada en sus buenos propósitos durante un lapso considerable de tiempo, sufra de repente un cambio tan total como para consentir inmediatamente en un pecado mortal sin saberlo claramente; la razón de ello es que el pecado mortal es un monstruo tan horrible que no puede entrar en un alma que lo ha aborrecido durante mucho tiempo, sin que ella sea plenamente consciente de ello. Lo hemos demostrado ampliamente en nuestra Teología Moral. [22] Santa Teresa dijo: Nadie está perdido sin saberlo; y nadie está engañado sin la voluntad de ser engañado. [23]

Por lo cual, respecto a ciertas almas de conciencia delicada y sólidamente arraigadas en la virtud, pero al mismo tiempo tímidas y molestadas por las tentaciones (especialmente si son contra la fe o la castidad), el director encontrará a veces conveniente prohibirles que las descubran o que hagan mención de ellas; porque, si tienen que mencionarlos, se ven llevados a considerar cómo tales pensamientos entraron en sus mentes, y si se detuvieron a disputar con ellos, o se complacieron en ellos, o les dieron algún consentimiento; y así, por esta reflexión demasiado grande, esas malas imaginaciones hacen una impresión aún más profunda en sus mentes, y las perturban aún más. Cuando el confesor está moralmente seguro de que el penitente no ha consentido en estas sugestiones, lo mejor es prohibirle que hable más de ellas. Y encuentro que Santa Juana Francisca de Chantal actuó precisamente de esta manera. Cuenta de sí misma que durante varios años fue asaltada por las más violentas tormentas de la tentación, pero que nunca había hablado de ellas en la Confesión, pues no tenía conciencia de haber cedido jamás a ellas; y en esto sólo había seguido fielmente la regla recibida de su director. Dice: "Nunca tuve la plena convicción de haber consentido"[24]. [24] Estas palabras nos dan a entender que las tentaciones produjeron en ella cierta agitación por escrúpulos; pero a pesar de ellos, reanudó su tranquilidad con la fuerza de la obediencia impuesta por su confesor, para no confesar dudas semejantes. Con esta excepción, se encontrará generalmente como un medio admirable de sofocar la violencia de las tentaciones el exponerlas a nuestro director, como hemos dicho más arriba.

Pero repito, el más eficaz y el más necesario de todos los remedios contra las tentaciones, es aquel remedio de todos los remedios, a saber, orar a Dios pidiendo ayuda, y continuar orando mientras la tentación continúe. Con frecuencia Dios Todopoderoso habrá decretado el éxito, no a la primera oración, sino a la segunda, tercera o cuarta. En resumen, debemos estar completamente persuadidos de que todo nuestro bienestar depende de la oración: nuestra enmienda de vida depende de la oración; nuestra victoria sobre las tentaciones depende de la oración; de la oración depende que obtengamos el amor divino, junto con la perfección, la perseverancia y la salvación eterna.

Quizá haya quien, después de leer detenidamente mis obras espirituales, me acuse de tedio al recomendar tan a menudo la importancia y la necesidad de recurrir continuamente a Dios por medio de la oración. Pero me parece que no he dicho demasiado, sino demasiado poco. Sé que día y noche nos asaltan a todos las tentaciones de las potencias infernales, y que Satanás no deja pasar ninguna ocasión de hacernos caer. Sé que, sin la ayuda divina, no tenemos fuerzas para repeler los asaltos de los demonios; y que, por eso, el Apóstol nos exhorta a revestirnos de la armadura de Dios: Vestíos de la armadura de Dios, para que podáis resistir el engaño del diablo. Porque nuestra lucha no es contra sangre y carne, sino contra principados y potestades, contra los dominadores del mundo de estas tinieblas. [25] ¿Y cuál es esta armadura con la que San Pablo nos advierte que nos vistamos para vencer a nuestros enemigos? Mirad en qué consiste: Por toda oración y súplica, orando siempre en el espíritu, y en la misma vigilancia con todas las instancias. [26] Esta armadura es la oración constante y ferviente a Dios, para que nos ayude a obtener la victoria. Sé, además, que en cada página de las Sagradas Escrituras, tanto en el Antiguo como en el Nuevo Testamento, se nos amonesta repetidamente a orar: Invócame y te libraré. [27] Clama a mí, y yo te oiré. [28] Debemos orar siempre y no desmayar. [29] Pedid y recibiréis. [30] Velad y orad. [31] Orad sin cesar. [32] Así que creo que, lejos de haber hablado demasiado sobre la oración, no he dicho lo suficiente. Quisiera exhortar a todos los predicadores a que nada recomienden tanto a su auditorio como la oración; a los confesores, a que nada insistan tanto con sus penitentes como la oración; a los escritores espirituales, a que ningún tema traten más copiosamente que la oración. Pero es motivo de dolor para mi corazón, y me parece un castigo por nuestros pecados, que tantos predicadores, confesores y autores hablen tan poco de la oración. No hay duda de que los sermones, las meditaciones, las Comuniones y las mortificaciones son grandes ayudas en la vida espiritual; pero si en el momento de la tentación no invocamos a Dios con la oración, caeremos, a pesar de todos los sermones, meditaciones, Comuniones, penitencias y propósitos virtuosos. Por tanto, si de veras queremos salvarnos, oremos siempre y encomendémonos a Jesucristo, y sobre todo cuando seamos tentados; y no sólo pidamos la gracia de la santa perseverancia, sino al mismo tiempo la gracia de orar siempre. Cuidemos, asimismo, de encomendarnos a la divina Madre, que, como dice San Bernardo, es la dispensadora de las gracias: "Busquemos las gracias, y busquémoslas por medio de María". Pues el mismo Santo nos asegura que es voluntad de Dios, que ni una sola gracia nos sea repartida sino por las manos de María: "Dios ha querido que no recibamos nada que no haya pasado por las manos de María"[33].

Afectos y oraciones

Oh Jesús, Redentor mío, confío en tu Sangre, que me has perdonado todas mis ofensas contra Ti; y espero con cariño llegar un día a bendecirte por ello eternamente en el Cielo: Cantaré eternamente las misericordias del Señor. [34] Ahora veo claramente que he caído repetidas veces en el pasado por no haberte suplicado una santa perseverancia. Te ruego encarecidamente en este momento que me concedas perseverancia: "Nunca permitas que me separe de Ti". Y me propongo hacerte siempre esta oración; pero especialmente cuando me siento tentado de ofenderte, hago en verdad esta resolución y promesa; pero ¿de qué me servirá así resolver y prometer, si Tú no me das la gracia de correr y arrojarme a tus pies? Por los méritos, pues, de Tu sagrada Pasión, oh, concédeme esta gracia de recurrir a Ti en todas mis necesidades.

Oh María, mi Reina y mi Madre, te suplico, por tu tierno amor a Jesucristo, que me procures la gracia de acudir siempre en busca de socorro, mientras viva, a tu bendito Hijo y a ti.

II.

Desolaciones.

San Francisco de Sales dice: "Es un error estimar las devociones por los consuelos que sentimos. La verdadera devoción en el camino de Dios consiste en tener una voluntad decidida a ejecutar todo lo que es agradable a Dios." [36]

Dios todopoderoso suele servirse de la sequedad para acercar a Él sus almas más queridas. El apego a las propias inclinaciones desordenadas es el mayor obstáculo para la verdadera unión con Dios; y por eso, cuando Dios se propone atraer un alma a su perfecto amor, procura desprenderla de todo afecto a los bienes creados. Así, su primer cuidado es privarla de los bienes temporales, de los placeres mundanos, de la propiedad, de los honores, de los amigos, de los parientes y de la salud corporal; por el mismo medio de pérdidas, problemas, negligencias, pérdidas y enfermedades, extirpa gradualmente todo apego terrenal, a fin de que los afectos se fijen sólo en Él.

Con el fin de que el alma se aficione a las cosas espirituales, Dios la agasaja al principio con grandes consuelos, con abundancia de lágrimas y ternura; así se desprende fácilmente de las gratificaciones del sentido, y procura mortificarse aún más con obras de penitencia, ayunos, cilicios y disciplinas; En esta etapa el director debe vigilarla y no permitirle que practique mortificaciones -----al menos no todas aquellas para las que pide permiso-----porque, bajo el estímulo de estas devociones sensibles, un alma podría fácilmente arruinar su salud por indiscreción. Es un artificio sutil del demonio, cuando ve a una persona que se entrega a Dios, y recibe los consuelos y caricias que Dios generalmente da a los principiantes, hacer todo lo posible para sumergirlo en el cumplimiento de penitencias inmoderadas, para destruir por completo su salud; para que después, a causa de la debilidad corporal, no sólo abandone las mortificaciones, sino la oración, la Comunión, y todos los ejercicios de devoción, y finalmente se hunda de nuevo en su antigua forma de vida. Por esta razón, el director debe ser muy parco en conceder mortificaciones a los que acaban de entrar en la vida espiritual y desean practicar mortificaciones corporales; exhórteles a practicar más bien la mortificación interior, soportando con paciencia las afrentas y contradicciones, con la obediencia a los Superiores, refrenando la curiosidad de ver, oír y cosas semejantes; y dígales que, cuando hayan adquirido la buena costumbre de practicar estas mortificaciones interiores, serán entonces bastante perfectos para proceder a las exteriores. Por lo demás, es un grave error decir, como dicen algunos, que las mortificaciones externas sirven de poco o de nada. Sin duda, la mortificación interior es la más necesaria para la perfección; pero de aquí no se sigue que las mortificaciones externas sean innecesarias. San Vicente de Paúl declaró que la persona que no practica mortificaciones externas no se mortificará ni interior ni exteriormente. Y San Juan de la Cruz declaró que el director que despreciaba las mortificaciones externas era indigno de confianza, aunque hiciera milagros.

Pero volvamos a nuestro punto. El alma, pues, en el comienzo de su conversión a Dios, prueba la dulzura de esos consuelos sensibles con los que Dios trata de seducirla, y con ellos despojarla de los placeres terrenales; rompe su apego a las criaturas, y se apega a Dios. Sin embargo, su apego es imperfecto, porque es fomentado más por esa sensibilidad de consuelos espirituales que por el deseo real de hacer lo que es agradable a Dios; y se engaña a sí misma creyendo que cuanto mayor es el placer que siente en sus devociones, más ama a Dios Todopoderoso. La consecuencia de esto es, que si este alimento de consuelos espirituales se interrumpe, al ser apartada de sus ejercicios ordinarios de devoción, y empleada en otras obras de obediencia, caridad, o deberes de su estado, se perturba, y lo toma muy a pecho: y este es un defecto universal en nuestra miserable naturaleza humana, buscar nuestra propia satisfacción en todo lo que hacemos. O bien, cuando ya no encuentra este dulce sabor de devoción en sus ejercicios, o los abandona, o los disminuye; y continuando disminuyéndolos de día en día, finalmente los omite por completo. Y esta desgracia acontece a muchas almas que, llamadas por Dios Todopoderoso a amarle, entran en el camino de la perfección, y si dura la dulzura espiritual, hacen ciertos progresos; pero ¡ay! cuando ésta ya no se saborea, lo dejan todo y reanudan sus antiguos caminos. Pero es de la mayor importancia estar plenamente persuadidos de que el amor de Dios y la perfección no consisten en sentimientos de ternura y consuelo, sino en vencer el amor propio y en seguir la voluntad divina. San Francisco de Sales dice: "Dios es tan digno de nuestro amor cuando nos aflige como cuando nos consuela."

En medio de estos consuelos, no se requiere un grado notable de virtud para renunciar a los deleites sensuales, y para soportar afrentas y contradicciones. El alma en medio de estas dulzuras puede soportarlo todo; pero este aguante proviene con mucha más frecuencia de esos consuelos sensibles que de la fuerza del verdadero amor de Dios. Por esta razón el Señor, con el fin de darle un fundamento sólido en la virtud, se retira de ella y la priva de esa devoción sensible, para librarla de todo apego al amor propio, que se alimentaba de tales consuelos. Y de aquí resulta que, mientras antes sentía gozo en hacer actos de ofrenda, de confianza y de amor, ahora que la vena de los consuelos se ha secado, hace estos actos con frialdad y penoso esfuerzo; y encuentra un cansancio en los ejercicios más piadosos, en sus oraciones, lecturas espirituales y Comuniones; incluso no encuentra en ellos más que oscuridad y temores, y todo le parece perdido. Reza y reza de nuevo, y se siente abrumada por la tristeza, porque Dios parece haberla abandonado.

Pasemos ahora a la práctica de lo que hemos de hacer por nuestra parte en circunstancias semejantes. Cuando Dios Todopoderoso en su misericordia se digna consolarnos con sus amorosas visitas, y hacernos sentir la presencia de su gracia, no es bueno rechazar los divinos consuelos, como aconsejan algunos falsos místicos recibámoslos agradecidos; pero guardémonos de acomodarnos en ellos y buscar deleite en esos sentimientos de ternura espiritual. San Juan de la Cruz llama a esto una "gula espiritual", que es defectuosa y desagradable a Dios. Esforcémonos en tales momentos por desterrar de nuestra mente el goce sensible de estas dulzuras: y pongámonos especialmente en guardia para no suponer que estos favores son una muestra de que estamos mejor con Dios que los demás; porque tal pensamiento de vanidad obligaría a Dios a retirarse por completo de nosotros, y a dejarnos en nuestras miserias. Ciertamente, en tales ocasiones debemos dar gracias a Dios con todo fervor, porque tales consuelos espirituales son dones señalados de la divina bondad para nuestras almas, mucho mayores que todas las riquezas y honores de este mundo; pero no tratemos entonces de regodearnos con estas dulzuras sensibles, sino humillémonos más bien con el recuerdo de los pecados de nuestra vida pasada. Por lo demás, debemos considerar este trato amoroso como el puro resultado de la bondad de Dios; y que tal vez es enviado como precursor de alguna gran tribulación que pronto nos sobrevendrá, a fin de que nos fortalezcamos con estos consuelos para soportarlo todo con paciencia y resignación. Debemos, pues, aprovechar la ocasión para ofrecernos a sufrir todos los dolores, internos o externos, que nos sobrevengan, toda enfermedad, toda persecución, toda desolación espiritual, diciendo: Oh Señor mío, aquí estoy ante Ti; haz de mí y de todo lo que me pertenece lo que quieras; concédeme la gracia de amarte y de cumplir perfectamente tu santa voluntad, y no pido más.

Cuando un alma está moralmente segura de estar en gracia de Dios, aunque se vea privada de los placeres mundanos, así como de los que provienen de Dios, descansa, sin embargo, satisfecha de su estado, consciente, como está, de amar a Dios y de ser amada por Él. Pero Dios, que quiere verla purificada y despojada de toda satisfacción sensible, para unirla enteramente a Sí por medio del amor puro, ¿qué hace? La pone en el crisol de la desolación, que es más dolorosa de soportar que las pruebas más severas, ya sean internas o externas; la deja en un estado de incertidumbre sobre si está en gracia de Dios o no, y en la densa oscuridad que la envuelve, no parece haber ninguna perspectiva de que nunca más encuentre a Dios. Dios todopoderoso, además, permitirá a veces que sea asaltada por violentas tentaciones sensuales, acompañadas de movimientos irregulares de la parte inferior, o tal vez por pensamientos de incredulidad, de desesperación, e incluso de odio a Dios, cuando ella se imagina desechada por Él, y que Él ya no escucha sus oraciones. Y como, por una parte, las sugestiones del demonio son vehementes, y se excitan las mociones de la concupiscencia, y, por otra, el alma se encuentra en esta gran oscuridad, ya no puede distinguir suficientemente si resiste debidamente o cede a las tentaciones, aunque su voluntad se niega resueltamente a todo consentimiento. De este modo aumenta mucho su temor de haber perdido a Dios, y por su supuesta infidelidad en la lucha contra las tentaciones, se cree merecidamente abandonada por Dios. Parece haberle sobrevenido la más triste de todas las calamidades: no poder amar más a Dios y ser odiada por Él. Santa Teresa pasó por todas estas pruebas y declara que durante ellas la soledad no tuvo para ella ningún encanto, sino que, por el contrario, la llenó de horror, mientras que la oración se convirtió para ella en un perfecto infierno.

Cuando un alma que ama a Dios se encuentra en este estado, no debe perder el valor; y tampoco debe alarmarse quien la dirige. Esos movimientos sensuales, esas tentaciones contra la fe, esos sentimientos de desconfianza y esos ataques que la impulsan a odiar a Dios Todopoderoso, son temores, son torturas del alma, son esfuerzos del enemigo; pero no son voluntarios y, por tanto, no son pecados. La sincera amante de Jesucristo resiste valientemente en tales ocasiones y niega todo consentimiento a tales sugestiones; pero a causa de las tinieblas que la envuelven, no sabe distinguir, su alma se sume en la confusión, y la privación de la presencia de la gracia divina la hace temerosa y triste. Pero pronto se descubre que en estas almas, así probadas por Dios, todo es temor y aprensión, pero no verdad: basta preguntarles, aun en su estado de desolación, si cometerían de buena gana un solo pecado venial deliberado; responderán que están dispuestas a sufrir no una, sino mil muertes, antes que ser culpables de semejante desagrado a Dios Todopoderoso. Es necesario, pues, hacer esta distinción: una cosa es realizar un acto de virtud, como repeler una tentación, confiar en Dios, amar a Dios y querer lo que Él quiere; y otra cosa es tener la conciencia de realizar realmente estos actos buenos. Esta conciencia de hacer el bien contribuye a nuestro placer; pero el provecho consiste en lo primero, es decir, en hacer el bien. Con lo primero se contenta Dios y priva al alma de lo segundo, es decir, de la conciencia de hacer el bien, para alejar así de ella toda autosatisfacción, que nada añade al mérito de la acción; pues el Señor busca más nuestro verdadero provecho que nuestra propia satisfacción. San Juan de la Cruz escribió las siguientes palabras de consuelo a un alma desolada: "Nunca estuviste en mejor estado que ahora; porque nunca estuviste tan profundamente humillado, y tan desprendido de todo apego a este mundo, y al mismo tiempo nunca estuviste tan profundamente impresionado con la convicción de tu propia maldad. Tampoco estuviste nunca tan despojado y purificado de todo egoísmo como ahora". [36] No creamos, pues, que cuando sentimos una mayor ternura de devoción, somos más amados por Dios; porque la perfección no consiste en eso, sino en la mortificación de nuestra propia voluntad, y en su unión con la voluntad de Dios.

Por tanto, en este estado de desolación el alma no debe hacer caso al demonio, cuando le sugiere que Dios la ha abandonado; ni debe dejar de orar. Este es el objeto que persigue el demonio para arrastrarla después por algún precipicio. Santa Teresa escribe: "El Señor prueba sus verdaderos amores con sequedades y tentaciones. Aunque la sequedad dure toda la vida, que el alma nunca se relaje en la oración; llegará el tiempo en que todo le será abundantemente recompensado." [37] En tal estado de sufrimiento, una persona debe humillarse por la reflexión de que sus ofensas contra Dios no merecen ningún tratamiento más suave: debe humillarse, y resignarse plenamente a la voluntad Divina, diciendo: Oh Señor mío, mírame a tus pies; si es tu voluntad que permanezca así desolado y afligido durante toda mi vida, e incluso por toda la eternidad, concédeme sólo tu gracia y el don de tu amor, y haz conmigo lo que quieras. Será inútil entonces, y tal vez una fuente de mayor inquietud, querer asegurarte que estás en gracia de Dios, y que lo que experimentas es sólo una prueba, y no un abandono por parte de Dios. En tales momentos no es voluntad de Dios que tengas esta seguridad; y así lo quiere para tu mayor provecho, a fin de que te humilles más y aumentes tus oraciones y actos de confianza en su misericordia. Tú deseas ver, y Dios quiere que no veas. Por lo demás, dice San Francisco de Sales: "La resolución de no consentir ningún pecado, por pequeño que sea, es señal segura de que estamos en gracia de Dios." [38] Pero un alma en profunda desolación ni siquiera puede discernir claramente esta resolución; sin embargo, en tal estado no debe proponerse sentir lo que quiere; basta querer con el punto de la voluntad. De este modo debe abandonarse enteramente en los brazos de la divina bondad. ¡Oh, cómo extasían el corazón de Dios tales actos de confianza y resignación, cuando se hacen en medio de las tinieblas de la desolación! Ah, confiemos simplemente en un Dios, que (como dice Santa Teresa) nos ama mucho más de lo que nos amamos a nosotros mismos.

Que estas almas, pues, tan queridas de Dios, y que están resueltamente decididas a pertenecerle enteramente, se consuelen, aunque al mismo tiempo se vean privadas de todo consuelo. Su desolación es señal de que son muy agradables a Dios, y de que Él les tiene preparado un lugar en su reino celestial, que rebosa de consuelos tan plenos como duraderos, Y que tengan por cierto que cuanto más afligidas estén en la vida presente, tanto más serán consoladas en la eternidad: Conforme a la multitud de mis penas en mi corazón, Tus consuelos han dado alegría a mi alma. [39]

Ejemplo.

Para aliento de las almas desoladas, citaré aquí lo que se cuenta en la vida de santa Juana Francisca de Chantal.

Durante cuarenta años fue atormentada por las más terribles pruebas interiores, por las tentaciones, por el temor de estar enemistada con Dios y de ser abandonada por Él. Sus aflicciones eran tan atroces e incesantes, que declaró que su único rayo de consuelo provenía del pensamiento de la muerte. Además, dijo: "Estoy tan furiosamente asaltada que no sé dónde esconder mi pobre alma. A veces estoy a punto de perder la paciencia y de darlo todo por perdido". "El tirano de la tentación es tan implacable", dice, "que cualquier hora del día la cambiaría gustosamente por la pérdida de mi vida; y a veces sucede que no puedo ni comer ni dormir." [Durante los últimos ocho o nueve años de su vida, sus tentaciones se hicieron aún más violentas. La Madre de Chatel decía que su santa Madre de Chantal sufría un continuo martirio interior noche y día, en la oración, en el trabajo e incluso durante el sueño; de modo que sentía por ella la más profunda compasión. La Santa soportó asaltos contra todas las virtudes (excepto la castidad), y también tuvo que luchar contra las dudas, la oscuridad y el asco. A veces Dios le retiraba todas las luces, y parecía indignado con ella, y a punto de expulsarla de Él; de modo que el terror la impulsaba a buscar alivio en alguna otra dirección: pero al no encontrarlo, se veía obligada a volver a mirar a Dios, y a abandonarse a su misericordia. En todo momento parecía dispuesta a ceder a la violencia de sus tentaciones. La divina asistencia no la abandonó, pero le pareció que lo había hecho, ya que, en lugar de encontrar satisfacción en nada, sólo hallaba cansancio y angustia en la oración, en la lectura de libros espirituales, en la comunión y en todos los demás ejercicios de piedad. Su único recurso en este estado de abandono era mirar a Dios y dejarle hacer su voluntad. Decía la Santa: "En todos mis abandonos mi mera vida es una nueva cruz para mí, y mi incapacidad de acción aumenta considerablemente su pesadez". Y fue así como se comparó con un enfermo abrumado por los sufrimientos, incapaz de volverse de un lado a otro, mudo, para no poder expresar sus males, y ciego, para no discernir si los asistentes le administran medicina o veneno. Y luego, llorando amargamente, añadió: "Parece que estoy sin fe, sin esperanza y sin amor a mi Dios". Sin embargo, la Santa mantuvo durante todo el tiempo la serenidad de su semblante y la afabilidad en la conversación, y mantuvo sus miradas fijamente inclinadas hacia Dios, en el seno de Cuya bendita voluntad reposaba constantemente. Por eso San Francisco de Sales, que fue su director, y sabía bien qué objeto de predilección era su hermosa alma para Dios Todopoderoso, escribió así de ella: "Su corazón se asemejaba a un músico sordo, que aunque cante exquisitamente, no puede obtener placer de ello". Y a ella misma le escribió lo siguiente: "Debes esforzarte por servir a tu Salvador únicamente por amor a su bendita voluntad, completamente privada de consuelos y abrumada por un diluvio de temores y tristezas." [41] Así se forman los Santos:

"Largo sonaron los cinceles,

Largo tiempo rebotaron los golpes del mazo,

Mucho tiempo trabajó la cabeza y se afanó la mano,

Antes de que tus piedras estuvieran como ahora". -----Offic. Dedic. eccl.

Los santos de los que canta la Iglesia son precisamente estas piedras selectas, que son reducidas a su forma y belleza por los golpes del cincel,-----es decir, por las tentaciones, por los temores, por las tinieblas y otros tormentos, internos y externos,-----hasta que al final se hacen dignas de ser entronizadas en el bendito reino del Paraíso.

Afectos y oraciones

Oh Jesús, esperanza mía, amor mío y único amor de mi alma, no merezco tus consuelos y dulces visitaciones; guárdalas para aquellas almas inocentes que siempre te han amado; pecador que soy, no las merezco, ni las pido: esto sólo te pido, dame gracia para amarte, para cumplir tu adorable voluntad durante toda mi vida; y después, ¡dispon de mí como te plazca! Infeliz de mí, otras tinieblas, otros terrores, otros abandonos serían debidos a los ultrajes que Te he hecho: el infierno sería mi justo premio, donde, separado de Ti para siempre, y totalmente abandonado por Ti, derramaría lágrimas eternamente, sin poder amarte nunca más. Pero no, Jesús mío, acepto todos los castigos; sólo perdóname éste. Tú eres merecedor de un amor infinito; Tú me has puesto bajo una obligación excesiva de amarte; ¡oh, no, no puedo confiar en mí mismo para vivir y no amarte! Te amo, mi soberano bien; Te amo con todo mi corazón; Te amo más que a mí mismo; Te amo y no tengo otro deseo que amarte. Reconozco que esta mi buena voluntad es el puro efecto de Tu gracia; pero Tú, oh mi Señor, perfecciona Tu propia obra; no retires Tu mano amiga hasta la muerte. Oh, no me dejes ni por un momento en mis propias manos; dame fuerza para vencer las tentaciones y para vencerme a mí mismo; y para ello, dame la gracia de recurrir siempre a Ti. Deseo pertenecerte por entero. Te doy mi cuerpo, mi alma, mi voluntad y mi libertad; ya no viviré para mí mismo, sino sólo para Ti, mi Creador, mi Redentor, mi amor y mi todo: mi Dios y mi todo. Deseo convertirme en santo, y lo espero de Ti. Aflígeme como quieras, despójame de todo, pero no me prives de tu gracia y de tu amor.

Oh María, esperanza de los pecadores, grande es tu poder ante Dios; confío plenamente en tu intercesión: Te suplico, por tu amor a Jesucristo, que me ayudes y me hagas santo.

RESUMEN DE LAS VIRTUDES TRATADAS EN ESTA OBRA, QUE DEBE PRACTICAR EL QUE AMA A JESUCRISTO

I. Debemos soportar pacientemente las tribulaciones de esta vida: salud, penas, pobreza, pérdidas, pérdida de parientes, afrentas, persecuciones y todo lo que es desagradable. Consideremos invariablemente las pruebas de este mundo como signos del amor de Dios hacia nosotros y de su deseo de salvarnos en el mundo venidero. Y estemos, además, plenamente persuadidos de que las mortificaciones involuntarias que Dios mismo nos envía le son mucho más agradables que las que son fruto de nuestra propia elección.

En la enfermedad, esforcémonos por someternos enteramente a la voluntad de Dios; ningún ejercicio de devoción le es más agradable que éste. Si en tales momentos no podemos meditar, fijemos los ojos en nuestro Señor crucificado, y ofrezcámosle nuestros sufrimientos en unión con todo lo que Él soportó por nosotros en la Cruz. Y cuando nos digan que estamos a punto de morir, aceptemos la noticia con tranquilidad y espíritu de sacrificio; es decir, con el deseo de morir, para dar gusto a Jesucristo: fue el deseo semejante el que dio todo el mérito a la muerte de los Mártires. Debemos, pues, decir: Oh Señor, no me veas aquí con otra voluntad que la tuya bendita; estoy dispuesto a sufrir cuanto te plazca; deseo morir cuando Tú quieras. Tampoco debemos entonces desear que se prolongue nuestra vida, para hacer penitencia por nuestros pecados: aceptar la muerte con perfecta resignación supera cualquier otra penitencia.

Asimismo, debemos practicar la conformidad con la voluntad de Dios al soportar la pobreza y los diversos inconvenientes que la acompañan: frío, hambre, fatiga, desprecio y escarnio.

Tampoco debemos ser menos resignados ante las pérdidas, tanto de bienes como de parientes y amigos, de quienes dependía nuestra holgura y felicidad. Adquiramos la buena costumbre de decir en toda adversidad: Así lo ha querido Dios, y así lo quiero yo también. Y a la muerte de nuestros parientes, en vez de perder el tiempo en lágrimas infructuosas, empleémoslo en orar por sus almas; y ofrezcamos a Jesucristo, en su nombre, el dolor de nuestro duelo.

Obliguémonos, además, a soportar el desprecio y el insulto con paciencia y tranquilidad. Respondamos a los términos de ultraje e injuria con palabras de dulzura; pero si nos sentimos perturbados, el mejor plan es guardar silencio, hasta que la mente se tranquilice. Mientras tanto, no hablemos con aspavientos a los demás de la afrenta que hemos recibido, sino ofrezcámosla en silencio a Jesucristo, que tanto soportó por nosotros.

II. Compórtese amablemente con todos, con los Superiores y con los inferiores, con los de alta cuna y con los campesinos, con los parientes y con los extraños; pero más especialmente con los pobres y enfermos, y, sobre todo, con los que nos miran con malos ojos.

La dulzura en la corrección de las faltas es más eficaz que cualquier otro medio o razón que pueda emplearse. Cuídate, pues, de corregir en un arrebato de pasión, porque entonces es seguro que la dureza se mezclará con ella, ya sea de palabra o de obra. Guárdate asimismo de corregir a la persona en falta mientras está excitada; porque en casos semejantes el resultado es la exasperación en vez de la mejoría.

III. No envidies a los grandes de este mundo sus riquezas, honores, dignidades o aplausos, que les dan los hombres; envidia más bien a los que más aman a Jesucristo, que sin duda gozan de mayor felicidad que los primeros monarcas de la tierra. Devuelve gracias al Señor por haberte iluminado para descubrir la vanidad de todas las cosas mundanas, por cuya causa perecen infelizmente tantos.

IV. En todas nuestras acciones y pensamientos busquemos sólo la complacencia de Dios Todopoderoso, y no nuestra satisfacción privada; y, por tanto, dejemos a un lado toda inquietud cuando nuestros esfuerzos vayan acompañados de fracaso. Y cuando tengamos éxito, no seamos menos cautelosos en buscar el agradecimiento y la aprobación de los hombres; si murmuran contra nosotros, no prestemos atención a esto; nuestro consuelo será habernos esforzado por agradar a Dios, y no a los hombres.

V. Los principales medios de perfección son:

1. Evitar todo pecado deliberado, por pequeño que sea. Sin embargo, si por desgracia cometemos una falta, abstengámonos de enojarnos e impacientarnos con nosotros mismos: en tales ocasiones debemos arrepentirnos tranquilamente de ella; y al mismo tiempo que hacemos un acto de amor a Jesucristo, y suplicamos su ayuda, debemos prometerle no repetir la falta.

2. Tener un vivo deseo de adquirir la perfección de los Santos, y de sufrirlo todo por agradar a Jesucristo; y si no tenemos este deseo, suplicar a Jesucristo, por su bondad, que nos lo conceda; pues, mientras no sintamos un sincero deseo de llegar a ser Santos, nunca avanzaremos un paso en el camino de la perfección.

3. 3. Tener la firme resolución de llegar a la perfección: quien carece de esta resolución, no trabaja sino lánguidamente, y en la ocasión no vence su repugnancia; mientras que un alma resuelta, por el auxilio divino, que nunca le falta, supera todos los obstáculos.

4. Hacer diariamente dos horas, o al menos una, de oración mental; y, salvo en caso de urgente necesidad, no renunciar nunca a ella por cualquier cansancio, sequedad o molestia que podamos experimentar.

5. Para frecuentar la sagrada Comunión varias veces a la semana, conviene pedir consejo a nuestro director, "a fin de que la práctica se lleve a cabo con mayor prudencia y más abundantes méritos." La misma regla vale para las mortificaciones externas, como el ayuno, el uso del cilicio, la disciplina y las demás; las mortificaciones de este género, cuando se practican sin obediencia a nuestro director espiritual, o destruyen la salud o producen vanagloria. Por eso es necesario que cada uno tenga su propio director, para que todos se regulen obedeciéndole.

6. Orar continuamente, recurriendo a Jesucristo en todas nuestras necesidades, invocando asimismo la intercesión de nuestro Ángel Custodio, de nuestros Santos Patronos, y muy particularmente de la Madre de Dios, por cuyas manos Dios Todopoderoso nos concede todas las gracias. Ya se ha demostrado, al final del capítulo IV, que nuestro bienestar depende enteramente de la oración. Especialmente no debemos pasar un día sin

suplicar a Dios que nos conceda el don de la perseverancia en su gracia; quien pide esta perseverancia la obtiene, pero quien no la pide no la obtiene y se condena: debemos orar también para que Jesucristo nos conceda su santo amor y la perfecta conformidad con su divina voluntad. Tampoco debemos olvidarnos de pedir toda gracia por los méritos de Jesucristo. Debemos hacer estas oraciones primero al levantarnos por la mañana, y repetirlas después en nuestra meditación, en la sagrada Comunión, en la visita al Santísimo Sacramento, y de nuevo por la noche en el examen de conciencia. Debemos pedir ayuda a Dios especialmente en el tiempo de la tentación, y más especialmente en las tentaciones contra la pureza, cuando no debemos dejar de invocar el socorro de los santos nombres de Jesús y de María. El que reza, vence; el que no reza, es vencido.

VI. Con respecto a la humildad, no enorgullecernos de riquezas, honores, alta cuna, talentos o cualquier otra ventaja natural, y menos aún de cualquier don espiritual, reflexionando que todos son dones de Dios. A considerarnos los peores de todos, y en consecuencia a deleitarnos en ser despreciados por los demás; y a no actuar como algunos, que se declaran los peores de los hombres, y al mismo tiempo desean ser tratados como los mejores. Además, recibir las correcciones con humildad y sin intentar excusarnos, y esto aunque se nos culpe injustamente, excepto cuando sea necesario defendernos para evitar que otros se escandalicen.

Mucho más debemos desterrar todo deseo de aparecer en público y de ser honrados por el mundo. Nunca debería perderse de vista la máxima de San Francisco: "Somos lo que somos ante Dios". Peor aún sería para un religioso codiciar puestos de honor y superioridad en su comunidad. El verdadero honor de un religioso es ser el más humilde de todos; y es el más humilde de todos el que con más alegría abraza las humillaciones.

VII. Desprende tu corazón de todas las criaturas. Quien continúa ligado por la más mínima afición a las cosas de la tierra, nunca podrá elevarse a una perfecta unión con Dios.

Desprendernos especialmente de un afecto indebido por nuestros parientes. Decía San Felipe Neri, que "cualquier afecto que concedamos a las criaturas, tanto le quitamos a Dios". [1] A la hora de decidir un estado de vida, debemos desprendernos totalmente de los consejos de los padres, que generalmente tienen en cuenta sus propios intereses, más que nuestro verdadero bienestar.

Desechad toda consideración de respeto humano, y de la vana estima de los hombres; y, sobre todo, desprendeos de la voluntad propia. Debemos dejarlo todo para ganarlo todo. "Todo por todo", escribe Tomás de Kempis. [2]

VIII. No ceder a la cólera, pase lo que pase; pero si acaso las chispas de la pasión se encienden repentinamente en nuestros pechos, invoquemos a Dios, y abstengámonos de actuar o de hablar hasta que estemos seguros de que nuestra cólera está aplacada. Nos será de gran utilidad armarnos en oración contra toda posibilidad de irritación que pueda sobrevenirnos, para no dar paso entonces a un resentimiento culpable; recordemos siempre aquella frase de San Francisco de Sales: "Nunca recuerdo haberme enfadado sin arrepentirme después".

IX. Toda santidad consiste en amar a Dios, y todo amor a Dios consiste en hacer su bendita voluntad. Debemos, pues, inclinarnos con resignación a todas las disposiciones de la divina Providencia sin reservas; y así someternos alegremente a la adversidad como a la prosperidad que Dios envía, al estado de vida en que Dios nos coloca, al género de salud que Dios nos concede: y éste debe ser el gran fin de todas nuestras oraciones, a saber, que Dios nos capacite para cumplir en todo su santa voluntad. Y para estar seguro de la voluntad divina, el religioso debe depender de la obediencia a su Superior, y los que están en el mundo a su confesor; porque nada hay más cierto que aquel dicho de San Felipe Neri: "No tendremos que dar cuenta a Dios de lo que se haga por obediencia." Lo cual debe entenderse, desde luego, siempre que no haya pecado evidente en el mandato.

X. Hay dos remedios contra las tentaciones: la resignación y la oración. La resignación, porque aunque las tentaciones no vengan de Dios, Él las permite para nuestro bien.

Guárdate, pues, de ceder a las vejaciones, por molestas que sean las tentaciones; resígnate a la voluntad de Dios, que las permite; y toma las armas de la oración, que son las más poderosas y las más seguras para vencer a nuestros enemigos. Los malos pensamientos, por sucios y abominables que sean, no son pecados; sólo el consentirlos hace el pecado. Nunca seremos vencidos si invocamos los santos nombres de Jesús y de María. Durante los asaltos de la tentación, es útil renovar nuestra resolución de sufrir la muerte antes que ofender a Dios; también es una buena práctica persignarnos repetidamente con la Señal de la Cruz y con agua bendita; es de gran ayuda, también, descubrir la tentación al confesor. Pero el remedio más necesario es la oración, y las continuas súplicas de auxilio a Jesús y a María.

XI. En cuanto a las desolaciones espirituales, hay dos actos en los que principalmente debemos ejercitarnos: 1º, humillarnos, con la sincera confesión de que no merecemos mejor trato; 2º, resignarnos a la voluntad de Dios, y abandonarnos en los brazos de su divina bondad. Cuando Dios nos favorezca con consuelos, preparémonos para las pruebas venideras, que generalmente siguen a los consuelos. Si a Dios le place dejarnos en la desolación, seamos humildes y resignémonos plenamente a su divina voluntad, y así sacaremos mucho mayor provecho de las desolaciones que de las consolaciones.

XII. Para vivir siempre bien, debemos almacenar profundamente en nuestra mente ciertas máximas generales de la vida eterna, como las siguientes:

Todo pasa en esta vida, sean alegrías o penas; pero en la eternidad nada pasa.

¿De qué sirve toda la grandeza de este mundo a la hora de la muerte?

Todo lo que viene de Dios, sea adverso o próspero, todo es bueno, y es para nuestro bien.

Debemos dejarlo todo, para ganarlo todo.

No hay paz sin Dios.

Amar a Dios y salvar el alma es lo único necesario.

Sólo debemos temer al pecado.

Si se pierde a Dios, todo está perdido.

El que nada desea en este mundo es dueño del mundo entero.

El que reza se salva, y el que no reza se condena.

Déjame morir y dar placer a Dios.

Dios es barato a cualquier precio.

Todo dolor es leve para quien ha merecido el infierno.

Todo lo soporta quien mira a Jesús crucificado.

Todo se convierte en dolor que no se hace por Dios.

Quien desea sólo a Dios es rico en todo bien.

Feliz el hombre que puede decir: "¡Jesús mío, sólo Te deseo a Ti, y nada más!".

El que ama a Dios, encuentra placer en todo; el que no ama a Dios, no encuentra verdadero placer en nada.

NOTAS A PIE DE PÁGINA

Introducción:

1. "Ipse enim Pater amat vos, quia vos me amastis"-Juan, xvi. 27.

2. Espíritu, p. 1, cap. 25.

3. "Super omnia, ... charitatem habete, quod est vinculum perfectionis"-Col. iii. 14.

4. "Ama, et fac quod vis".

5. "In charitate perpetua dilexi te."-Jer. xxxi. 3.

6. "Ab alio amatore præventa sum".

7. "In funiculis Adam traham eos, in vinculis charitatis" -Oseas, xi. 4

8. "Cœlum et terra et omnia mihi dicunt, ut te amem" -Conf. B. 10, c. 6.

9. "Sic enim Deus dilexit mundum, ut Filium unigenitum daret". Juan, iii. 16.

10. "Propter nimiam charitatem suam qua dilexit nos, et cum essemus mortui peccatis, convivificavit nos in Christo."-Ef. ii. 4.

11. "Qui etiam proprio Filio suo non pepercit, sed pro nobis omni bus tradidit illum: quomodo non etiam cum illo omnia nobis donavit?"-Rom. viii. 32.

12. "Dilexit me, et tradidit semetipsum pro me"-Gal. ii. 20.

13. "Et Verbum caro factum est."-Juan, i. 14.

14. "Exinanivit semetipsum formam servi accipiens, ... et habitu inventus ut homo."-Fil. ii. 7.

15. "Humiliavit semetipsum, factus obediens usque ad mortem, mortem autem crucis" -Fil. ii. 8.

16. "Dilexit nos, et tradidit semetipsum pro nobis"-Ef. v. 2.

17. "Charitas Christi urget nos"-2 Cor. v. 14.

18. Amor de Dios, B. 7, c. 8.

19. Amor de Dios, B. 12, c. 13.

20. "Baptismo habeo baptizari; et quomodo coarctor usquedum perficiatur!"-Lc. xii. 50.

21. "Sciens Jesus quia venit hora ejus, ut transeat ex hoc mundo ad Patrem, cum dilexisset suos, ... in finem dilexit eos."-Juan, xiii. 1.

22. "Quis hoc fecit -Fecit amor, dignitatis nescius"-In Cant. s. 61.

23. "Vidimus Sapientiam amoris nimietate infatuatam" -Serm. de Nat. D.

24. "Extasim facit divinus amor" -De Div. Nom. c. 4.

25. "Vulnera, corda saxea vulnerantia, et mentes congelatas inflammantia."-Stim. div. am. p. 1, c. 1.

26. "Charitas Christi urget nos"-2 Cor. v. 14.

27. "Ut cognoscat mundus quia diligo Patrem, ... surgite, eamus."-Juan, xiv. 31.

28. "In hoc enim Christus mortuus est et resurrexit, ut et mortuorum et vivorum dominetur"-Rom. xiv. 9.

29. Disc. sobre el Amor de Dios.

30. De Duob. Præc. c. 4.

31. Epist. 20.

32. "Si quis non amat Dominum nostrum Jesum Christum, sit anathema"-1 Cor. xvi. 22.

33. "Si vis proficere, quotidie mediteris Domini passionem; nihil enim in anima ita operatur universalem sanctimoniam, sicut meditatio passionis Christi".

34. "Magis meretur vel unam lacrymam emittens ob memoriam passionis Christi, quam si qualibet anni hebdomada in pane et aqua jejunaret."-Rosar. p. 2, s. 15.

35. "Sciens Jesus quia venit hora ejus, ut transeat ex hoc mundo ad Patrem, cum dilexisset suos qui erant in mundo, in finem dilexit eos."-Juan, xiii. I.

36. "Quæ in fine in signum amicitiæ celebrantur, firmius memoriæ imprimuntur, et cariora tenentur."-T. ii, s. 54, a. i, c. 1.

37. "Totum tibi dedit, nihil sibi reliquit".

38. "Divitias divini sui erga homines amoris velut effudit" -Sess. xiii. c. 2.

39. "In qua nocte tradebatur, accepit panem, et gratias agens fregit, et dixit: Accipite et manducate; hoc est corpus meum"-1 Cor. xi. 23.

40. "In illo fervoris excessu, quando paratus erat pro nobis mori, ab excessu amoris majus opus agere coactus est, quam umquam operatus fuit, dare nobis corpus in cibum."-Loco cit.

41. "Sacramentum charitatis, Pignus charitatis".

42. "Amor amorum".

43. "In quo ... futuræ gloriæ nobis pignus datur".

44. Isa. xii. 4.

45. "Nonne videtur insania: Manducate meam carnem, bibite meum sanguinem?"-En Sal. xxxiii. en. 1.

46. "Quomodo potest hic nobis carnem suam dare ad manducandum?-Durus est hic sermo; et quis potest eum audire?"-Juan, vi. 53, 61.

47. "Accipite et manducate; hoc est corpus meum".

48. "Desiderio desideravi hoc pascha manducare vobiscum" -Lucas, xxii. 15.

49. "Flagrantissimæ charitatis est vox hæc" -De Tr. Chr. Ag. c. 2.

50. "Venite, comedite panem meum, et bibite vinum quod miscui vobis."-Prov. ix. 5.

51. "Comedite, amici, et bibite" -Cant. v. i.

52. "Qui manducat meam carnem, ... habet vitam æternam. Qui manducat hunc panem, vivet in æternum."-Juan, vi. 55, 59.

53. "Nisi manducaveritis carnem Filii hominis, ... non habebitis vitam in vobis."-J uan, vi. 54.

54. "Amantes desiderant ex ambobus fieri unum" -1. 2, q. 28, a. 1.

55. "En ipse stat post parietem nostrum respiciens per fenestras, prospiciens per cancellos."-Cant. ii. 9.

56. "Qui manducat meam carnem, ... in me manet, et ego in illo."-Juan, vi. 57.

57. Introd. p. 2, cap. 21.

58. "Semetipsum nobis immiscuit, ut unum quid simus; ardenter enim amantium hoc est."-Ad pop. Ant. hom. 61.

59. "¡Oh quam mirabilis est dilectio tua, Domine Jesu, qui tuo corpori taliter nos incorporari voluisti, ut tecum unum cor et unam animam haberemus insepara-biliter colligatam!"-De Inc. div. am. c. 5.

60. "Ultimus gradus amoris est, cum se dedit nobis in cibum; quia dedit se nobis ad omnimodam unionem, sicut cibus et cibans invicem uniuntur."-T. ii. s. 54, a. 4, c. i.

61. Introd. p. 2, cap. 21.

62. "Frequens accessus (ad Eucharistiam) confessariorum judicio est relinquendus, qui, ... laicis negotiatoribus et conjugatis, quod prospicient eorum saluti profuturum, id illis præscribere debebunt".

63. "Omnia dedit ei Pater in manus" -Juan, xiii. 3.

64. "Venerunt mihi omnia bona pariter cum illa" -Wisd. vii. 11.

65. Eucharistia maximam vim habet perficiendæ sanctitatis".

66. "Antidotum quo liberemur a culpis quotidianis, et a peccatis mortalibus præservemur" -Sess. xiii. c. 2.

67. P. 3, q. 79, a. 4.

68. "Per crucis mysterium, eripuit nos a potestate peccati; per Eucharistiæ sacramentum, liberat nos a voluntate peccandi" -De Alt. Myst. l. 4, c. 44.

69. "Deus charitas est"-1 Juan, iv. 8.

70. "Ignis consumens est."-Deut. iv. 24.

71. "Ignem veni mittere in terram; et quid volo, nisi ut accendatur?"-Lc. xii. 49.

72. "Carbo est Eucharistia, quæ nos inflammat, ut tamquam leones ignem spirantes ab illa mensa recedamus, facti diabolo terribiles."-Ad pop. Ant. hom. 61.

73. "Introduxit me in cellam vinariam, ordinavit in me charitatem" -Cant. ii. 4.

74. "Fulcite me floribus, stipate me malis, quia amore langueo."-Cant. ii. 5.

75. "Licet tepide, tamen confidens de misericordia Dei accedat; tanto magis æger necesse habet requirere medicum, quanto magis senserit se ægrotum."-De Prof. rel. l. 2, c. 77.

76. Introd. p. 2. cap. 21.

77. Spir. Grat. l. 3, c. 22.

78. "In manus tuas commendo spiritum meum; redemisti me, Domine Deus veritatis."-Ps. xxx. 6.

79. "Vere languores nostros ipse tulit, et dolores nostros ipse portavit" -Isa. liii. 4.

80. "Delens quod adversus nos erat chirographum decreti, quod erat contrarium nobis, et ipsum tulit de medio, affigens illud cruci."-Col. ii. 14.

81. "Accessistis ad ... Mediatorem Jesum, et sanguinis aspersionem melius loquentem quam Abel."-Heb. xii. 22, 24.

82. "Pater ... omne judicium dedit Filio."-Juan, v. 22.

83. "Quis est qui condemnet? Christus Jesus, qui mortuus est, ... qui etiam interpellat pro nobis."-Rom. viii. 34.

84. "Quid times, peccator? Quomodo te damnabit pœnitentem, qui moritur ne damneris? Quomodo te abjiciet redeuntem, qui de cœlo venit quærere te?"-Tr. de Adv. D.

85. "Curramus ad propositum nobis certamen, aspicientes in Auctorem fidei et consummatorem Jesum, qui, proposito sibi gaudio, sustinuit crucem, confusione contempta."-Heb. xii. 1, 2.

86. Vida, cap. 25.

87. Vida, cap. 8.

88. "Fiducialiter agam, immobiliter sperans nihil ad salutem necessarium ab eo negandum, qui tanta pro mea salute fecit et pertulit".

89. "Adeamus ergo cum fiducia ad thronum gratiæ, ut misericordiam consequamur, et gratiam inveniamus in auxilio opportune."-Heb. iv. 16.

90. "In omnibus divites facti estis in illo, ... ita ut nihil vobis desit in ulla gratia."-1 Cor. i. 5, 7.

91. "Ampliora adepti sumus per Christi gratiam, quam per diaboli amiseramus invidiam" -De Asc. s. 1.

92. "Non sicut delictum, ita et donum: ... ubi abundavit delictum, superabundavit gratia."-Rom. v. 15.

93. "Amen, amen, dico vobis: si quid petieritis Patrem in nomine meo, dabit vobis."-Juan, xvi. 23.

94. "Pro nobis omnibus tradidit illum: quomodo non etiam cum illo omnia nobis donavit?"-Rom. viii. 32.

95. "Dives in omnes qui invocant illum"-Ibid. x. 12.

96. "¡Oh mors! ero mors tua."-Ibid. xiii. 14.

97. "¡Pater! quos dedisti mihi, volo ut, ubi sum ego, et illi sint mecum."-Juan, xvii. 24.

98. "Numquid oblivisci potest mulier infantem suum, ut non misereatur filio uteri sui? et si illa oblita fuerit, ego tamen non obliviscar tui."-Isa. xlix. 15.

99. Parte 2, Ep. 48.

100. "Non ad aliud amat, nisi ut ametur" -En Cant. s. 83.

101. "Et nunc, Israel, quid Dominus Deus tuus petit a te, nisi ut timeas Dominum Deum tuum, ... et diligas eum?"-Deut. x. 12.

102. "Diliges Dominum Deum tuum ex toto corde tuo" -Deut. vi. 5.

103. "Plenitud legis est dilectio" -Rom. xiii. 10.

104. "Completio legis".

105. Amor de Dios, B. 7, cap. 8.

106. "Pro omnibus mortuus est Christus, ut et qui vivunt, jam non sibi vivant, sed ei qui pro ipsis mortuus est."-2 Cor. v. 15.

107. "Gratiam fidejussoris ne obliviscaris; dedit enim pro te animam suam"-Ec. xxix, 20.

108. "Accipite et manducate; hoc est corpus meum: ... hoc facite in meam commemorationem. ... Quotiescumque enim manducabitis panem hunc, ... mortem Domini annuntiabitis."-1 Cor. xi. 24.

109. "Deus qui nobis sub Sacramento mirabili passionis ture memoriam reliquisti. ..."

110. "¡Oh sacrum convivium, in quo Christus sumilur, recolitur memoria passionis ejus! ..."

111. "Testis crux, testes dolores, testis amara mors quam pro te sustinuit."-Dom. 17 p. Pent. conc. 3.

112. "Magna res amor" -En Cant. s. 83.

113. "Infinitus enim thesaurus est hominibus, quo qui usi sunt, participes facti sunt amicitiæ Dei."-Wisd. vii. 14.

114. "Charitas est virtus conjungens nos Deo".

115. "Ego diligentes me diligo" -Prov. viii. 17.

116. "Si quis diligit me, ... Pater meus diliget eum, et ad eum veniemus, et mansionem apud eum faciemus."-Juan, xiv. 23.

117. "Qui manet in charitate, in Deo manet, et Deus in eo."-1Juan, iv. 16.

118. Fortis est ut mors dilectio" -Cant. viii. 6.

119. "Nihil tam durum, quod amoris igne non vincatur" -De Mor. Eccl. cat. c. 22.

120. "In eo quod amatur, aut non laboratur, aut et labor amatur" -De Bono vid. c. 21.

121. Espíritu, p. 1, cap. 25.

122. "Porro unum est necessarium"-Lucas, x. 42.

123. "Pone me ut signaculum super cor tuum, ut signaculum super brachium tuu m."-Cant. viii. 6.

124. "Et si habuero omnem fidem, ita ut montes transferam, charitatem autem non habuero, nihil sum. Et si distribuero in cibos pauperum omnes facultates meas; et si tradidero corpus meum, ita ut ardeam, charitatem autem non habuero, nihil mihi prodest."-1 Cor. xiii. 2, 3.

125. "Charitas patiens est, benigna est; charitas non æmulatur, non agit perperam, non inflatur, non est ambitiosa, non quærit quæ sua sunt, non irritatur; non cogitat malum, non gaudet super iniquitate, congaudet autem veritati; omnia suffert, omnia credit, omnia sperat, omnia sustinet."-1 Cor. xiii. 4-7.

Capítulo I:

1. "Homo natus de muliere, brevi vivens tempore, repletur multis miseriis."-Job, xiv. i.

2. "Una eademque tunsio bonos producit ad gloriam, malos redigit in favillam" -Serm. 52, E. B. app.

3. "Nam quos præscivit, et prædestinavit conformes fieri imaginis Filii sui"-Rom. viii. 29.

4. "Christus passus est pro nobis, vobis relinquens exemplum, ut sequamini vestigia ejus."-1 Pet. ii. 21.

5. "Despectum et novissimum virorum"-Isa. liii. 3.

6. "Quem enim diligit Dominus, castigat; flagellat autem omnem filium quem recipit."-Heb. xii. 6.

7. La vida, addit.

8. Abelly, l. 3, c. 43.

9. En Fil. hom. 4.

10. En Ef. hom. 8.

11. "Patientia autem opus perfectum habet" -James, i. 4.

12. "Amicti stolis albis, et palmae in manibus eorum."-Apoc. vii. 9.

13. "Nos sine ferro esse possumus martyres, si patientiam veraciter in animo custodimus."-In Evang. hom. 35.

14. Vida, addit.

15. Vida, cap. 30.

16. Boll. 31 Maii. Vit. c. 7.

17. Found. cap. 31.

18. "Non sunt condignæ passiones hujus temporis ad futuram gloriam quæ revelabitur in nobis" -Rom. viii. 18.

19. "Momentaneum et leve tribulationis nostræ supra modum in sublimitate æternum gloriæ pondus operatur in nobis."-2 Cor. iv. 17.

20. "Si sustinebimus, et conregnabimus"-2 Tim. ii. 12.

21. "Qui certat in agone, non coronatur, nisi legitime certaverit."-2 Tim. ii. 5.

22. Bacci, l. 2, cap. 20.

23. Espíritu, cap. 19.

24. Vida, cap. 10.

25. "Tollat crucem suam quotidie, et sequatur me."-Lucas, ix. 23.

26. Mont. du C. l. 2, cap. 7.

27. "Melior est patiens viro forti"-Prov. xvi. 32.

28. Espíritu, cap. 4.

29. Camino de Perf. cap. 37.

Cap. 2:

    1. "Spiritus enim meus super mel dulcis."-Ec. xxiv. 27.

    2. Lettre 853.

    3. Lettre 786.

    4. "Vince in bono malum"-Rom. xii. 21.

    5. Carta 605.

    6. Abelly, l. 3, cap. 27.

    7. Introd. cap. 8.

    8. Mém. de la M. de Chaugy, p. 3, cap. 19.

    9. "Quod si zelum amarum habetis, ... nolite gloriari" -James, iii. 14.

    10. "Nescitis cujus spiritus estis" -Lucas, ix. 55.

    11. "Filius hominis non venit animas perdere, sed salvare."-Lucas, x. 56.

    12. "Mulier, ... nemo te condemnavit? ... Nec ego te condemnabo. Vade, et jam amplius noli peccare."-Juan, viii. 10, 11.

    13. "¡Juda! osculo Filium hominis tradis?"-Lucas, xxii. 48.

    14. "Conversus Dominus respexit Petrum"-Lucas, xxii. 61.

    15. Abelly, l. 3, cap. 27.

    16. En Adv. D. s. 4.

    17. Spirit, cap. 10.

    18. "Responsio mollis frangit iram"-Prov. xv. 1.

    19. Vida, cap. 30.

Cap. 3:

1. "'Non æmulatur;' quia, per hoc quod in præsenti mundo nihil appetit, invidere terrenis successibus nescit."-Mor. l. 10, c. 8.

2. "Vulnerasti cor meum, soror mea Sponsa, vulnerasti cor meum in uno oculorum tuorum" -Cant. iv. 9.

3. "Quid enim mihi est in cœlo? et a te quid volui super terram? ... Deus cordis mei, et pars mea, Deus, in æternum."-Ps. lxxii. 25, 26.

4. "Sibi habeant divitias suas divites, sibi regna sua reges; nobis gloria, et possessio, et regnum, Christus est."-Ep. ad Aprum.

5. "Bene omnia fecit"-Marcos, vii. 37.

6. Pucc. p. 1, cap. 58.

7. "Attendite ne justitiam vestram faciatis coram hominibus, ut videamini ab eis; alioquin mercedem non habebitis apud Patrem vestrum qui in cœlis est."-Matt. vi. i.

8. "Amen, dico vobis, receperunt mercedem suam"-Mt. vi. 5.

9. "Et qui mercedes congregavit, misit eas in sacculum pertusum."-Agg. i. 6.

10. "Euge, serve bone et fidelis: quia super pauca fuisti fidelis, super multa te constituam; intra in gaudium Domini tui."-Mt. xxv. 21.

11. "Si dignus fueris agere aliquid quod Deo placet, aliam, præter id, mercedem requiris?"-De Compunct. l. 2.

12. "Pone me ut signaculum super cor tuum, ut signaculum super brachium tuum" -Cant. viii. 6.

13. Hallado, cap. 12.

14. Vida, cap. 2.

Cap. 4:

1. "Non agit perperam. Quia (charitas), quæ se in solum Dei amorem dilatat,

quidquid a rectitudine discrepat, ignorat."-Mor. l. 10, c. 3.

2. "Charitatem habete, quod est vinculum perfectionis"-Col. iii. 14.

3. Lettre 51.

4. "Antidotum, quo liberemur a culpis quotidianis".

5. Camino de Perf. cap. 42.

6. Inter. Castle, cap. 3.

7. Found, cap. 29.

8. Neque frigidus es, neque calidus; utinam frigidus esses, aut calidus! sed, quia tepidus es, ... incipiam te evomere."-Apoc. iii. 15, 16.

9. "Tepor (quia fervore defecit) in desperatione est."-Past. p. 3, adm. 35

10. "Quæ impossibilia sunt apud homines, possibilia sunt apud Deum" -Lc. xviii. 27.

11. "Vires subministrat, poenam exhibet leviorem" -De Disc. mon. c. 6.

12. "Non progredi, jam reverti est."-Ep. 17, E. B. app.

13. "Hæc est voluntas Dei, sanctificatio vestra"-1 Tes. iv. 3.

14. Vida, cap. 13.

15. Camino de Perf. cap. 35.

16. Vida, cap. 4.

17. Vida, cap. 13.

18. Rib. l. 4, c. 10.

19. "Bonus est Dominus ... animæ quærenti illum"-Lam. iii. 25.

20. Vida, cap. 13.

21. "Diligentibus Deum omnia cooperantur in bonum" -Rom. viii. 28.

22. "Etiam peccata".

23. "Omnia possum in eo qui me confortat" -Fil. iv. 13.

24. "Desideria occidunt pigrum"-Prov. xxi. 25.

25. Introd. cap. 37.

26. Found. cap. 28.

27. Camino de Perf. cap. 24

28. Vida, cap. 39.

29. Espíritu, cap. 9.

30. Amor de Dios, B. 12, cap. 8.

31. "Quodcumque facere potest manus tua, instanter operare" -Ecles. ix. 10.

32. "Quia nec opus, nec ratio, nec sapientia nec scientia, erunt apud inferos, quo tu properas."-Ibid.

33. "Et dixi: Nunc cœpi."-Ps. lxxvi. 11.

34. "Perfectum esse non potest nisi singulare".

35. Vida, cap. 11.

36. Ibid. cap. 39.

37. "Totum tibi dedit, nihil sibi reliquit".

38. "Pro omnibus mortuus est Christus, ut et qui vivunt, jam non sibi vivant, sed ei qui pro ipsis mortuus est."-2 Cor. v. 15.

39. De Med. cons. 7.

40. Lettre 8.

41. "Seipsum non exhorret, quia nec sentit" -De Cons. l. 1, c. 2.

42. "Consideratio regit affectus, dirigit actus" -Ibid. c. 7.

43. Pall. Hist. laus. c. 98.

44. "In meditatione mea exardescet ignis" -P. xxxviii. 4.

45. Vida, cap. 8.

46. Ibid. cap. 19.

47. Vida, cap. 19.

48. Encontrado, cap. 5.

49. Vida, cap. 34.

50. "Hortus conclusus, soror mea sponsa" -Cant. iv. 12.

51. "Venerunt autem mihi omnia bona pariter cum illa."-Wisd. vii. 11.

52. "Non plus sapere, quam oportet sapere, sed sapere ad sobrietatem."-Rom. xii. 3.

53. "Labia enim sacerdotis custodient scientiam, et legem requirent ex ore ejus"-Mal. ii. 7.

54. Carta 8.

55. "Dilexit nos et tradidit semetipsum pro nobis"-Ef. v. 2.

56. En Cœna D. s. 1.

57. P. 3, q. 79, a. 6.

58. Introd. cap. 20.

59. En 4 Sent. d. 12, q. 3, a. 1, s. 2.

60. Camino de perfección, cap . 35.

61. "Qui semper pecco, semper debeo habere medicum"-De Sacram. l. 4, c. 6.

62. Sitit sitiri Deus" -Tetr. sent. 37.

63. Sup. Magn. tr. 9, p. 3.

64. Sess. xiii. cap. 8.

65. P. 3. q. 79, a. 1.

66. "Petite, et dabitur vobis; quærite, et invenietis"-Matt. vii. 7.

67. "Oratio cum sit una omnia potest" -Ap. Rodr. p. 1, tr. 5, c. 14; Wisd. vii. 27.

68. "Benedictus Deus, qui non amovit orationem meam et misericordiam suam a me."-Ps. lxv. 20.

69. "Semper obtinemus, etiam dum adhuc oramus".

70. "Dives in omnibus qui invocant ilium" -Rom. x 12.

71. De Dono pers. c. 16.

72. "Necessaria est homini jugis oratio, ad hoc quod cœlum introeat."-P. 3, q. 39, a. 5.

73. " Oportet semper orare, et non deficere."-Lucas, xviii. 1.

74. "Sine intermissione orate"-1 Tes. v. 17.

75. Sess. vi. cap. 13.

76. "Hoc Dei donum suppliciter emereri potest"-De Dono pers. c. 6.

77. "Vult Deus rogari, vult cogi, vult quadam importunitate vinci" -En Ps. vi. pœn.

78. "Deus, in adjutorium meum intende; Domine, ad adjuvandum me festina."-Ps. lxix. 2.

79. "Petite, et accipietis."-Juan, xvi. 24.

80. "Promittendo, debitorem se fecit."-Serm. 110, E. B.

81. "Omnia quæcumque orantes petitis, credite quia accipietis, et evenient vobis."

-Marcos, xi. 24.

82. "Omnis qui petit, accipit"-Lucas, xi. 10.

83. "Oratio in impetrando non innititur merito, sed divinæ misericordiæ."-2. 2, q. 178, a. 2.

84. "Amen, amen, dico vobis: si quid petieritis Patrem in nomine meo, dabit vobi s."-Juan, xvi. 23.

85. "Si quid petieritis me in nomine meo, hoc faciam."-Juan, xiv. 14.

86. "Quæramus gratiam, et per Mariam quæramus; quia, quod quærit, invenit, et frustrari non potest."-De Aquæd.

Capítulo 5:

1. "Qui plasmasti me, miserere mei."-Vitæ Patr. l. 1.

2. "Si autem impius egerit pœnitentiam, ... omnium iniquitatum ejus, quas oper- atus est, non recordabor."-Ezech. xviii. 21, 22.

3. "Omnia possum in eo qui me confortat" -Fil. iv. 13.

4. "In te, Domine, speravi; non confundar in æternum."-Ps. xxx. 2.

5. Imit. Chr. B. 3, c. 7.

6. "Discite a me, quia mitis sum et humilis corde" -Mt. xi. 29.

7. Cepar. c. 11.

8. "Tunc exspuerunt in faciem ejus, et colaphis eum ceciderunt; alii autem palmas in faciem ejus dederunt."-Mt. xxvi. 67.

9. "Domine, pati et contemni pro te".

10. Espíritu, cap. 10.

11. Imit. Chr. B 3, c. 46.

12. "Mansuetus utilis sibi et aliis" -En Act. hom. 6.

13. Imit. Chr. B. 3, c. 49.

14. Marsol. l. 4, cap. 8.

15. "Beati estis, cum maledixerint vobis, et persecuti vos fuerint, et dixerint omne malum adversum vos mentientes, propter me; gaudete et exultate, quoniam merces vestra copiosa est in cœlis."-Matt. v. 11.

16. "Medicanti irascitur"-En Cant. s. 42.

17. Bacci, l. 2, cap. 17.

18. Camino de Perf. cap. 16.

Cap. 6:

1. "Omnis sæculi honor diaboli negotium est."-En Matt. c. 3, n. 5.

2. "Deus superbis resistit; humilibus autem dat gratiam" -James, iv. 6.

3. Camino de Perf. cap. 13.

4. "Nec malam conscientiam sanat laudantis præconium, nec bonam vulnerat conviciantis opprobrium" -Contra Petil. l. 3, c. 7.

5. Espíritu, cap. 3.

6. Abelly, l. 3, cap. 34, 48.

7. Cepar. c. 13.

8. Camino de Perf. cap. 8.

9. "In humiliiate superiores"-Fil. ii. 3.

Cap. 7:

1. "Diliges Dominum Deum tuum ex toto corde tuo."-Mt. xxii. 37.

2. Bacci, l. 22, cap. 15.

3. Avis 36.

4. De Cons. Evang. l. 1, c. 12.

5. "Zelotypus est Jesús" -Ep. ad Eust.

6. "An putatis quoniam inaniter Scriptura dicat: Ad invidiam concupiscit Spiritus qui habitat in vobis?"-James, iv. 5.

7. "Hortus conclusus soror mea, Sponsa" -Cant. iv. 12.

8. Espíritu, cap. 9.

9. "Quis dabit mihi pennas sicut columbæ, et volabo, et requiescam?"-Ps. liv. 7.

10. Montée du C. l. 1, cap. 11.

11. "Dilectus metis mihi, et ego illi" -Cant. ii. 16.

12. "Cor mundum crea in me, Deus" -Ps. l. 12.

13. "Qui non renuntiat omnibus quæ possidet, non potest meus esse discipulus"-Lc. xiv. 33.

14. Insin. l. 4, c. 26.

15. "Totum pro toto" -Imit. Chr. B. 3, c. 37.

16. Vida, cap. 39.

17. "Bonus est Dominus ... animæ quærenti illum" -Lam. iii. 25.

18. "Regnum mundi et omnem ornatum sæculi contempsi, propter amorem Domini mei Jesu Christi."-Offic. nec Virg. nec Mart. resp. 8.

19. Espíritu, cap. 27.

20. "Si dederit homo omnem substantiam domus suæ pro dilectione, quasi nihil despiciet eam."-Cant. viii. 7.

21. Lettres 531, 203.

22. "Introduxit me in cellam vinariam, ordinavit in me charitatem" -Cant. ii. 4.

23. "Ne suscitetis, neque evigilare faciatis dilectam"-Cant. ii. 7.

24. "Summa rerum omnium oblivio" -Reg. fus. disp. int. 6.

25. "Deus meus, et omnia".

26. Imit. Chr. B. 3, c. 34.

27. "Si quis venit ad me, et non odit patrem suum, et matrem, et uxorem, et filios, et sorores, adhuc autem et animam suam, non potest meus esse discipulus."-Luc. xiv. 26.

28. "Et inimici hominis domestici ejus" -Mt. x. 36.

29. 2. 2, q. 104, a. 5.

30. "Frequenter amici carnales adversantur profectui spirituali"-2. 2, q. 189, a. 10.

31. Epist. 111.

32. "Non sine magnis difficultatibus poterit saluti suæ consulere, manebitque in corpore Ecclesiæ velut membrum suis sedibus motum, quod servire potest, sed ægre et cum deformitate. Licet, absolute loquendo, salvari possit, difficile tamen ingredietur viam humilitatis et pœnitentiæ, qua sola ipsi patet ingressus ad vitam."-De Ord. p. 3, c. 1, § 2.

33. "Ab hoc consilio amovendi sunt carnis propinqui ...: in hoc proposito, amici non sunt, sed potius inimici, juxta sententiam Domini: 'Inimici hominis, domestici ejus.'"-Contra retr. a rel. c. 9.

34. "Subdiaconi et diaconi ordinentur ut habentes bonum testimonium et in minoribus Ordinibus jam probati."-Sess. xxiii. cap. 13.

35. "Nullus ordinetur, nisi probatus fuerit."-Cap. Nullus, dist. 24.

36. "Sciant episcopi debere ad hos (sacros) Ordines assumi dignos dumtaxat, el

quorum probata vita senectus sit."-Sess. xxiii. cap. 12.

37. "Ut in eis, cum ætate, vitæ meritum et doctrina major accrescat."-Sess. xxiii. cap. 11.

38. "Quia per sacrum Ordinem aliquis deputatur ad dignissima ministeria, quibus ipsi Christo servitur in Sacramento altaris; ad quod requiritur major sanctitas interior quam requirat etiam religionis status."-2. 2, q. 184, a. 8.

39. "Ordines sacri præexigunt sanctitatem; sed status religionis est exercitium quoddam ad sanctitatem assequendam. Unde pondus Ordinum imponendum est parietibus jam per sanctitatem desiccatis; sed pondus religionis desiccat parietes, id est, homines ab humore vitiorum."-2. 2, q. 189, a. 1.

40. "Ut, sicut illi, qui Ordinem suscipiunt, super plebem constituuntur gradu Ordinis, ita et superiores sint merito sanctitatis".

41. "Et ideo præexigitur gratia, quæ sufficiat ad hoc quod digne connumerentur in plebe Christi".

42. "Sed confertur in ipsa susceptione Ordinis amplius gratiæ munus per quod ad majora reddantur idonei."-Suppl. q. 35, a. i.

43. Lib. 6, c. 2, n. 63.

44. "Qui enim se ingerit, et propriam gloriam quærit, gratiæ Dei rapinam facit, et ideo non accipit benedictionem sed maledictionem."-En Hebr. v.

45. "Qui sciens et volens, nulla divinæ vocationis habita ratione, sese in Sacerdotium intruderet, haud dubie seipsum in apertissimum salutis discrimen injiceret."-S ac. Chr. p. 1, c. 4.

46. "Quamvis morum integritas non sit de essentia Sacramenti, est tamen præcepto divino maxime necessaria. ... At vero, quod de idoneitate eorum qui sacris sunt Ordinibus initiandi definitur, non est generalis ilia dispositio quæ in suscipiente quodcumque Sacramentum requiritur, ne sacramentalis gratia obicem inveniat. ... Enim vero, quoniam per sacramentum Ordinis homo, non solum gratiam suscipit, sed ad sublimiorem statum conscendit, requiritur in eo morum hon-

estas et virtutum claritas."-En 4 Sent. d. 25, q. 1, a. 4.

47. "Nesciebatis quæ in his quae Patris mei sunt oportet me esse?"-Lucas, ii. 49.

48. "Te autem faciente eleemosynam, nesciat sinistra tua quid facial dextera tua."
-Mt. vi. 3.

49. "Cum oraveris, intra in cubiculum tuum, et clause ostio, ora Patrem tuum in abscondito."-Ibid. 6.

50. "Si quis vult post me venire, abneget semetipsum."-Mt. xvi. 24.

51. "Post concupiscentias tuas non eas, et a voluntate tua avertere."-Eccl. xviii. 30.

52. "Cesset voluntas propria, et infernus non erit."-In Temp. Pasch. s. 3.

53. "Grande malum propria voluntas, qua fit ut bona tua tibi bona non sint."-En Cant. s. 71.

54. "Unde bella et lites in vobis? nonne hinc, ex concupiscentiis vestris, quæ militant in membris vestris? Concupiscitis, et non habetis."-James, iv. 1, 2.

55. "Unde turbatio, nisi quod propriam sequimur voluntatem?"-De Div. s. 26.

56. Castillo Interior, cap. 1.

57. Mont. du C. l. i, cap. 4-13.

Cap. 8:

1. "Discite a me quia mitis sum et humilis corde" -Mt. xi. 29.

2. "Ecce Agnus Dei."-Juan, i. 29.

3. "Si male locutus sum, testimonium perhibe de malo; si autem bene, quid me cædis?"-Juan, xviii. 23.

4. "¡Pater! dimitte illis; non enim sciunt quid faciunt."-Lucas, xxiii. 34.

5. "Mansuetorum semper tibi placuit deprecatio" -Judith, ix. 16.

6. "Beati mites, quoniam ipsi possidebunt terram."-Mt. v. 4.

7. "Mansueti autem hæreditabunt terram, et delectabuntur in multitudine pacis" -P. xxxvi. 11.

8. Rib. l. 4, c. 26

9. "Offensiones amoris ipsi escam ministrabunt".

10. "Beati mortui qui in Domino moriuntur" -Apoc. xiv. 13.

11. "Pax Dei, quæ exsuperat omnem sensum" -Fil. iv. 7.

12. "Superabundo gaudio in omni tribulatione nostra"-2 Cor. vii. 4.

13. Carta 580.

14. "Non in commotione Deus"-3 Reyes, xix. 11.

15. Introd. cap. 8.

16. "Unde bella? ... nonne hinc, ex concupiscentiis vestris?"-James, iv. 1, 2.

17. "Ira in sinu stulti requiescit" -Eccl. vii. 10.

18. "Igne non potest ignis extingui."-En Gen. hom. 58.

19. Carta 231.

20. "Responsio mollis frangit iram" -Prov. xv. i.

21. "Turbatus præ ira oculus ... rectum non videt."-De Cons. l. 2, c. 11.

22. "Irascimini, et nolite peccare" -P. iv. 5.

23. Espíritu, cap. 19.

24. Carta 51.

Cap. 9:

1. "Ama, et fac quod vis".

2. "Diliges Dominum Deum tuum ex toto corde tuo" -Mt. xxii. 37.

3. "Domine, quid me vis facere?"-Hechos, ix. 6.

4. "Et capillus de capite vestro non peribit" -Lucas, xxi. 18.

5. Vida, cap. 30.

6. Hallado, cap. 5.

7. "Ne ventiles te in omnem ventum"-Ec. v. 11.

8. Encontrado, cap. 5.

9. "Domine, nonne in nomine tuo prophetavimus, et in nomine tuo dæmonia ejecimus, et in nomine tuo virtutes multas fecimus?"-Matt. vii. 22.

10. "Nunquam novi vos; discedite a me, qui operamini iniquitatem"-Ibid. 23.

11. Entret. 2.

12. "Qui non est paratus omnia pati et ad voluntatem stare dilecti, non est dignus amator appellari" -Imit. Chr. l. 3, c. 5.

13. "Dimitte eum ut maledicat; Dominus enim pnecepit ei ut malediceret David."-2 Reyes, xvi. 10.

14. Camino de perfección. cap. 33.

15. "Melior est obedientia, quam stultorum victimæ" -Ec. iv. 17.

16. Entret. 14.

17. Espíritu, cap. 19.

18. Found. cap. 5.

19. Cepar. c. 5.

20. Rev. l. 4, c. 26.

21. Bacci, l. 1, c. 20

22. Bacci, l. 1, c. 20.

23. Introd. p. 1, c. 4.

24. "Quid mihi est in cœlo? et a te quid volui super terram? ... Deus cordis mei, et pars mea, Deus, in æternum"-Ps. lxxii. 25.

25. "Domine quid me vis facere?"-Hechos, ix. 6.

Cap. 10:

1. Vida, cap. 3.

2. Camino de perfección, cap. 12.

3. Vita, c. 14.

4. Parte 2, Ep. 54.

5. Amor de Dios B. 9, cap. 2.

6. Vida, addit.

7. Ap. Sur. 8 Jul.

8. S. Bas. hom. in Gord. M.

9. "Neque hoc facit stupor, sed amor" -En Cant. s. 61.

10. Vida, cap. 25.

11. "Eia, Domine! moriar, ut te videam."-Sol. an. ad D. c. 1.

12. Serm. 85, E. B.

13. "Deus meus, et omnia".

14. "Nihil habentes, et omnia possidentes" -2 Cor. vi. 10.

15. Found. cap. 14.

16. Scala sp. gr. 17.

17. "Beati pauperes spiritu, quoniam ipsorum est regnum cœlorum"-Mt. v. 3.

18. "Habentes autem alimenta et quibus tegamur, his contenti sumus."-1 Tim. vi. 8.

19. De Disc. mon. c. 2.

20. "Avarus terrena esurit ut mendicus, fidelis contemnit ut dominus" -In Cant. s. 21.

21. "Qui volunt divites fieri, incidunt ... in laqueum diaboli et desideria ... nociva, quæ mergunt homines in interitum et perditionem."-1 Tim. vi. 9.

22. Boll. 26 de abril, Act. n. 11.

23. "Non paupertas virtus reputatur, sed paupertatis amor" -Epist. 100.

24. "Pauperes esse volunt, eo tamen pacto, ut nihil eis desit."-In Adv. D. s. 4.

25. Introd. cap. 6.

26. "Dominus pars hæreditatis meæ" -P. xv. 5.

27. Cepar. c. 22.

28. "Dominus dedit, Dominus abstulit: sicut Domino placuit, ita factum est; sit nomen Domini benedictum."-Job, i. 21.

29. Vida, cap. 22.

30. "Aquæ multæ non potuerunt exstinguere charitatem" -Cant. viii. 7.

31. "Diligentibus Deum omnia cooperantur in bonum" -Rom. vii. 28.

32. "Ab ipso patientia mea" -Ps. lxi. 6.

Cap. 11:

    1. "Vanitas vanitatum, et omnia vanitas" -Ecles. i. 2.

    2. "Charitas omnia credit".

3. "Beati pauperes.-Beati qui lugent.-Beati qui esuriunt.-Beati qui persecutionem patiuntur.-Beati estis cum maledixerint vobis, ... et dixerint omne malum adversus vos."-Mt., v. 3-11.

Cap. 12:

1. Summa Theologia I. 2, q. 40, a. 7.]

2. Salmo cxlv. 2

3. Jeremías xvii. 5

4. Salmo cxviii. 32

5. Isaías xl. 31

6. 2 Pedro i. 4

7. Romanos viii. 17

8. Proverbios viii. 17

9. Lamentaciones iii. 25

10. Cántico. viii. 5

11. Sabiduría. vii. 11

12. Sabiduría. vii. 14

13. I. 2, q. 65, a. 5

14. Juan, xv. 15

15. Amor de Dios, B. 10. c. 10

16. Cántico ii. 16

17. En 3 Sentencias d. 26

18. De Trin. l. 8, c. 10

19. Cánticos v. 8

20. Génesis xv. 1.

21. De Ver. q. 23, a. 8.

22. Lucas, x. 27

23. En 3 Sent. d. 27

24. Mateo xxv. 21

25. Salmo xxxv. 9

26. Efesios iii. 19

27. Isaías xxxviii. 17

28. Salmo cxix. 5

29. Salmo xvi. 15

30. Filipenses i 23

31. Apophth. 57

32. 2. 2, q. 24. a. 9

33. De Purg. I. 2, c. 7

Capítulo 13:

1. Santiago, i. 13

2. 2 Corintios xii. 7

3. Salmo cxix. 5

4. Salmo cxxiii. 7

5. Tobías xii. 13.

6. En Quadr. s. 5

7. 1 Corintios. x. 13

8. Mateo vi. 13

9. Conferencia B. 8, c. 11

10. Salmo lxix. 2

11. De Div. Grat. q. 2, d. 5, § 3.].

12. Mateo xi. 28

13. Salmo xlix. 15

14. Isaías lviii. 9

15. Eclesiástico ii. 12

16. Salmo xvii. 4

17. Isaías lviii. 9

18. Romanos x. 12

19. Sabiduría viii 21

20. Epist. ad Eust

21. Vitae Patr. l. 3, n. 35

22. Lib. 6, D. 476

23. Vida, addit

24. Mem. de la M. de Chaugy. p. 3. cap. 27

25. Efesios vi. 11, 12

26. Efesios vi. 18

27. Salmo xlix. 7

28. Jeremías xxxiii. 3

29. Lucas, xviii. 1

30. Mateo vii. 7

31. Mateo xxvi. 41

32. 1 Tesalonicenses v. 17

33. En Vig. Nat. s. 3

34. Salmo lxxxviii, 2

35. Introducción a la vida devota cap. 13

36. Carta 8

37. Vida, cap. 11

38. Espíritu, cap. 4

39. Salmo xciii. 19

40. Mem. de la M. de Chaugy, p. 3. cap. 27

41. Amor de Dios, B, 9. cap. 11

Resumen

    1. Bacci, 1. 2, cap. 15

    2. Imitación de Cristo 1. 3. c. 37

www.ingramcontent.com/pod-product-compliance
Lightning Source LLC
Chambersburg PA
CBHW071357120626
46546CB00002B/730